Competencia gramatical
en *USO*

B2

Antonio Cano Ginés
Pilar Díez de Frías

Cristina Estébanez Villacorta
Aarón Garrido Ruiz de los Paños

Coordinadora: Inmaculada Delgado Cobos

edelsa

GRUPO DIDASCALIA, S.A.
Plaza Ciudad de Salta, 3 - 28043 MADRID - (ESPAÑA)
TEL.: (34) 914.165.511 - (34) 915.106.710
FAX: (34) 914.165.411
e-mail: edelsa@edelsa.es
www.edelsa.es

Anexos

Los pronombres personales

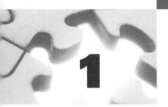

FORMA	USO
Yo, tú, él, ella...; me, te, le, lo, la, nos, os, les, los, las; se; conmigo, contigo; mí, ti, etc.	Para sustituir al nombre.

Para la cena de mañana, **nosotros** llevamos la tarta. Para **mí** el postre es el plato más importante de la cena.

Muy bien, pero cómpra**la** de chocolate. A Mónica **le** encanta el chocolate y a **mí** también **me** gusta, la verdad.

1

FORMA

Sujeto	Reflexivos	Objeto directo	Objeto indirecto	Con preposiciones	
yo	me	me	me	mí, conmigo	
tú	te	te	te	ti, contigo	
él, usted	se	lo	le, se*	él, usted	si**,
ella, usted	se	la	le, se*	ella, usted	consigo**
nosotros, nosotras	nos	nos	nos	nosotros, nosotras	
vosotros, vosotras	os	os	os	vosotros, vosotras	
ellos, ustedes	se	los	les	ellos, ustedes	
ellas, ustedes	se	las	se*	ellas, ustedes	

(Ver temas 9, 16 y 17 del nivel A1, temas 10 y 19 del nivel A2 y tema 18 del nivel B1)

*En sustitución de *le* o *les* cuando van con *lo, la, los, las.*
** Solo se utilizan como formas reflexivas y son muy poco utilizados.

(repaso y ampliación)

USO

A. Posición de los pronombres

1. Van normalmente delante del verbo.
Nos lo dirá mañana.

2. Los pronombres de objeto indirecto se colocan delante de los de objeto directo.
¿Me das la clave? = ¿Me la das?

3. Los pronombres sujeto de segunda y tercera persona se colocan delante del pronombre de primera persona *(yo)*. Es una forma de cortesía.
Tú y yo llegaremos lejos.

4. El pronombre *se* va siempre delante de los demás pronombres.
¿Se lo vas a decir?
Se me han acabado las vacaciones.

5. Los pronombres se colocan después del verbo y unidos a él con el imperativo, el infinitivo o el gerundio.
Sigue atentamente sus pasos. = Síguelos atentamente.
Es mi trabajo hacer bien las cuentas. = Es mi trabajo hacerlas bien.
Comprando la lotería ayudo a la Cruz Roja. = Comprándola ayudo a la Cruz Roja.

6. Con una perífrasis verbal, los pronombres pueden colocarse delante del verbo conjugado o detrás del infinitivo o del gerundio.
Debes hacer un esfuerzo.   *Lo debes hacer. = Debes hacerlo.*
Quiero contarte un secreto.   *Te lo quiero contar. = Quiero contártelo.*
Voy leyendo el periódico en el metro.   *Lo voy leyendo en el metro. = Voy leyéndolo en el metro.*

B. Presencia / ausencia del pronombre

1. En general, el pronombre sujeto no se utiliza.
Ø Estudio español en la Universidad Complutense.
Carlos exige a Pablo que Ø pague la multa.

2. Pero es necesario utilizarlo cuando el verbo está omitido.
Juan no quiere estar solo y, la verdad, yo tampoco.

3. Con verbos de lengua *(hablar, decir, comunicar, explicar, etc.),* duda *(creer, suponer, etc.)* y desconocimiento *(ignorar, desconocer, etc.),* se utiliza el pronombre sujeto cuando es diferente de la oración principal, para evitar ambigüedades.
No creo que venga mañana a testificar (¿él o yo?). No creo que él venga mañana a testificar.
Dice que tenga cuidado con el bolso (¿él o yo?).   Dice que yo tenga cuidado con el bolso.

4. Los pronombres de objeto directo o indirecto referidos a la misma persona se utilizan dos veces en la misma oración:

- Para expresar énfasis en la acción.
A mí me gusta muchísimo la música clásica.

- Cuando hay dos posibles referentes, para dejar claro de quién se habla.
Me gusta elogiarla a ella antes que elogiarte a ti.

5. Es necesario utilizar el pronombre de objeto directo cuando el objeto directo está antepuesto.
Me voy a tomar un café ahora mismo. El café, me lo voy a tomar ahora mismo.

C. El pronombre *lo*

1. Se utiliza para referirse a una idea o concepto mencionado anteriormente.
No quieres venir con nosotros. Ya lo sé.

2. También para referirse a una oración.
Tenemos que ser más puntuales. Lo ha dicho el profesor.

D. El pronombre *se*

1. Se utiliza en sustitución de *le* o *les* cuando se combina con los pronombres *lo, la, los, las.*
Le traigo esta carta personalmente.   *(Le la) Se la traigo.*

2. En los verbos reflexivos.
Juan se desmayó antes de llegar al hospital.

3. La voz pasiva formada con *ser* + participio no es de uso muy frecuente y, especialmente en la lengua oral, se utiliza más *se* + presente. En estos casos el sujeto es paciente.
Se detuvo a los ladrones junto a la puerta del banco. (Los ladrones fueron detenidos).

Se utiliza para expresar:
- Un cambio físico en el sujeto. Normalmente no es voluntario.
La casa se quemó.
- Un cambio en el estado de ánimo del sujeto.
Pedro se asustó con el sonido de la alarma.
- Una acción sin precisar el causante.
Se ha roto el jarrón de porcelana.
- Una acción involuntaria de una persona.
Se me ha roto el jarrón de porcelana china mientras lo limpiaba. (Lo he roto yo, pero no quería. Ha sido involuntario).

E. Verbos que cambian de significado

1. La presencia de estos pronombres puede cambiar el significado de algunos verbos de movimiento como: *ir / irse; volver / volverse; venir / venirse; etc.* El uso del pronombre introduce un valor de procedencia (el lugar de origen del movimiento es el sitio desde el que se está hablando), además de señalar un mayor énfasis en la acción.
Voy a Madrid a trabajar. Me voy de Cádiz. He encontrado un buen trabajo en Madrid.

2. Además de los verbos de movimiento, hay otros verbos que cambian de significado con la presencia del pronombre:

Parecer	Tener aspecto de...	*Pareces un abuelo con ese sombrero.*
Parecerse	Tener un parecido o una similitud con alguien.	*En los ojos, te pareces a tu padre.*
Hacer	Actuar.	*Luis está haciendo el loco con el coche.*
Hacerse	Simular algo que no se es.	*Luis se hace el loco para no trabajar.*
Llevar	Cambiar de lugar algo, trasladar.	*Lleva estos pasteles a tu abuela.*
Llevarse	Robar, sacar fuera algo sin permiso o intención.	*Se han llevado mis joyas.*
Acordar	Hacer un pacto, un acuerdo.	*Hemos acordado no vernos tras la ruptura.*
Acordarse	Pensar en alguien o recordar algo.	*Nos acordamos mucho de ti en Turquía.*

1. Presencia o ausencia de los pronombres.

Tacha los pronombres innecesarios.

0. Me encanta hablarle a él antes que hablarte a ti. Él es más simpático.

1. María le dice a Sandra que ella pare la moto. Prefiere ir caminando hasta su casa.

2. Dudo que él sea el culpable. Creo que la culpable es ella, porque ella es muy mentirosa.

3. No creo que ella tenga problemas en Japón, porque ella conoce muy bien el país.

4. Querría interrogarle a él antes que a vosotras dos. Creo que él dice la verdad.

5. El alumno pide a su profesor que él le retire el castigo.

6. No estoy seguro de que ellos vuelvan.

7. Yo exigí una explicación a mi marido que él no me dio nunca.

8. Mi madre dice que él debe respetar la decisión del juez, pero yo creo que él debe recurrir.

9. Nosotros os pedimos que vosotros nos digáis la verdad en todo momento.

10. Me sorprende que tú no sepas la verdad de todo esto. Tú eres un ingenuo.

11. Este zumo me lo voy a beber ahora mismo, antes de que yo tenga que salir.

12. A ellos no les gusta acostarse tan tarde y, la verdad, a mí tampoco. Es que yo soy muy dormilón.

Aciertos: .... **de 12**

2. Repaso de los pronombres.

Completa con los pronombres personales.

María: Venga, Miguel, no *te* preocupes. No es para tanto.

Miguel: ¿Que no es para tanto? Claro, no _____ será para _____ porque no _____ entiendes.

María: ¿Crees que es tan serio?

Miguel: Sí, así _____ creo.

María: Pues no _____ preocupes tanto. Que sepas que esta mañana _____ ha llamado tu jefe y _____ ha preguntado por _____ . _____ ha dicho que no debías preocupar _____ y que el problema de las deudas de la compañía _____ ha solucionado ya con ayuda del banco.

Miguel: ¡No _____ _____ creo!

María: ¿Por qué no _____ _____ crees?

Miguel: ¡A _____ _____ dijo que jamás _____ pediría ayuda a un banco!

María: Pues esto es _____ que ha hecho.

Miguel: Pues, la verdad, _____ quedo más tranquilo.

María: No _____ creo.

Aciertos: .... **de 21**

3. **Una periodista extranjera ha entrevistado a Penélope Cruz, pero tiene problemas con la lengua española.**
Ayúdala a corregir sus notas marcando la opción correcta.

Ayer **me / le** entrevisté con Penélope Cruz, la famosa actriz, en un hotel del centro. **Me / Se** dijo que [0] [1] había conocido a un hombre estupendo en su última película. A ella **le / se** encanta hablar sobre la gen- [2] te corriente. **Te / Le** pregunté si se había enamorado de esa persona y ella **me / os** respondió que no. [3] [4] **Nos / Le** llevé un artículo que **os / me** había dejado un colega para enseñár**selo / melo**. **Se lo / Lo** [5] [6] [7] [8] se enseñé porque **lo se / me lo** habían aconsejado para que se **las / lo** leyera antes de hacerle la [9] [10] entrevista y saber qué es lo que opina. **Le / Lo** gustó bastante. [11] Penélope Cruz es muy famosa por las películas que realiza. **La se / Se la** conoce también por su vida [12] sentimental, pero hoy nos centramos en la promoción de su última película.

Aciertos: .... **de 12**

4. **La receta de la tortilla española.**
Sustituye las palabras marcadas por un pronombre y aprende a preparar este plato.

TORTILLA ESPAÑOLA

Ingredientes:
- Medio kilo de patatas
- 1 cebolla
- 4 huevos
- Aceite de oliva
- Sal

Preparación:

Pela y corta las patatas y la cebolla. Fríe las **patatas y la cebolla** juntas. Después de freír las **patatas y la cebolla,** escurre las **patatas y la cebolla** bien. Bate los huevos y añade los **huevos a las patatas con cebolla.** Calienta una sartén con aceite de oliva. Pon toda la mezcla en la sartén. Cuando está dorado por la parte de abajo, da la vuelta **a la mezcla** con un pla- to. Una vez dorada la tortilla, saca **la tortilla** y prepá- rate para comer nuestro plato típico.

Preparación:

Pela y corta las patatas y la cebolla. ...._Fríelas_............ juntas. Des- [0] pués de ...., [1] .... bien. Bate los [2] huevos y .... [3] Calienta una sartén con aceite de oliva. Pon toda la mezcla en la sartén. Cuando está dorada por la parte de abajo, ... la vuelta con [4] un plato. Una vez dorada la tortilla, ... y prepárate [5] para comer nuestro plato típico.

Aciertos: .... **de 5**

5. Verbos que cambian de significado cuando utilizan el pronombre.
Relaciona.

0. *Hemos acordado* subirte el sueldo el próximo mes.

1. *Me acordaré* de ti cuando esté visitando París.

2. ¿*Se han llevado* mi coche?

3. *Llevamos* el postre nosotros.

4. *Pareces* un marciano.

5. *Me parezco* mucho a ti en la forma de pensar.

6. *Se hace* el tonto para no pagarme.

7. Si sigues *haciendo* el tonto, te quedas sin comer.

a. Te castigaré si continúas con tu mal comportamiento.

b. No prepares nada porque nosotros nos encargamos del tercer plato.

c. Pensaré en ti.

d. Soy como tú.

e. Hemos hablado para conseguirte un mejor salario.

f. ¿Me lo han robado?

g. Tienes un aspecto extraño.

h. Finge no darse cuenta de lo que ocurre para no pagar.

Aciertos: .... **de 7**

6. ¿Quién ha sido?
Busca el personaje adecuado para las siguientes frases.

0. Se ha roto el cristal de la ventana. No he sido yo, mamá.

1. Se me ha caído la escultura de bronce mientras quitaba el polvo.

2. Se me ha escapado un gorila del zoo.

3. Se le han olvidado las gafas de sol.

4. Se ha dejado las llaves dentro del coche.

Aciertos: .... **de 4**

Ejercicios

7. En orden.
Forma las frases.

0. estamos / yo / en paro. / Elena /y
   Elena y yo estamos en paro.
   ....

1. Pedro / vamos / Paula, / ahora mismo. / yo / y / al cine / nos
   ....

2. conmigo. / no / enfades / te / Marta,
   ....

3. se / devuelves / las / Dime / cuándo / para / pedírselas. / que pueda / yo
   ....

4. te / ha acabado / el plazo /Ya / se / sabes que / la matrícula. / para pagar
   ....

5. de su parte. / Se / darte / ha olvidado / nos / un recado
   ....

6. yo / tú / vivimos / cerca de la ciudad. / Pues / y / muy
   ....

7. El gato / nos / escapó/ se / las manos. / de
   ....

8. sin despedirte / de nosotros? / ¿te / marchas / Oye,
   ....

9. entramos / por / Lógicamente / tú, / yo / la puerta grande. / él / y
   ....

Aciertos: .... | de 9

8. Expresar la involuntariedad.
Transforma las frases como el modelo.

0. Perdón, he manchado sin querer de tinta tu vestido blanco.
   Perdón, se me ha manchado de tinta tu vestido blanco.
   ....

1. Laura y Pablo olvidaron la luz encendida antes de salir de casa.
   ....

2. He perdido mi pasaporte y no he podido coger el avión a París.
   ....

3. Luis rompió los platos cuando ponía la mesa.
   ....

4. He soltado uno de los hilos que sujeta el cuadro y ha caído al suelo.
   ....

Aciertos: .... | de 4

9. Marisa ha quedado con Pablo, pero Pablo no ha llegado todavía.
Completa con pronombres.

¿Dónde estará Pablo?
¡ *Le* [0] dije que tenía que llegar quince minutos antes! .... [1] .... [2] dije claramente. No .... [3] habrá entendido. ¡Este Pablo siempre está igual! .... [4] promete que .... [5] acompaña y luego nada.

¿Dónde estará Pablo?
¿Seguro que .... [10] dije que tenía que llegar quince minutos antes?

¡Ay! Ahora no estoy segura de si .... [11] .... [12] dije a .... [13] o a su madre. ¿Y si ha tenido algún problema? .... [14] habría llamado y .... [15] .... [16] habría dicho, ¿no? .... [17] .... [18] revuelve el estómago pensando que .... [19] habrá pasado algo.

Cuando llegue, no hará más que ponerme alguna excusa: «.......... [6] .... [7] ha estropeado el coche» o «.......... [8] .... [9] ha olvidado la entrada en casa». ¡Qué paciencia!

Aciertos: .... **de 19**

Total de aciertos: .... **de 93**

EVALÚATE

Muy bien	Bien	Regular	Mal
●	●	●	●

2

TODO OÍDOS. Escucha el diálogo.

Pablo: Perdona, Marisa. ¡Había un atasco en la Gran Vía!

Marisa: ¿**Tú** también lo has sufrido? Por **lo** visto ha venido el embajador de Estados Unidos y han cortado la calle durante media hora.

Pablo: Eso es **lo** que nos han dicho a la entrada, porque éramos por lo menos quince **los** que hemos llegado tarde.

Marisa: ¿Has visto, al menos, la segunda pieza?

Pablo: Sí, sí, **la** he visto. ¡Qué bailarines!

Marisa: ¿Has reconocido a mi prima?

Pablo: Claro que **la** he reconocido. Me ha hecho mucha ilusión ver**la** en el escenario. ¡Incluso **se lo** he comentado al chico que estaba sentado junto a mí!

Marisa: ¿**Se lo** has dicho? ¿En serio?

Pablo: Sí, ¿es que no **se lo** podía decir a nadie?

Marisa: Sí, pero es que se me había olvidado decir**te** que ese chico es su novio y es algo celoso.

Los relativos (repaso y ampliación)

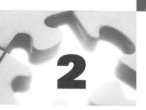

2

FORMA	USO
Que; el que, la que, los que, las que; lo que; quien, quienes; donde, adonde; a donde; como.	Para identificar o dar detalles sobre personas, objetos o lugares y tiempo; para identificar o aclarar la localización de una persona o de un objeto y para identificar la manera en la que se realizan las acciones.

Ah, sí, **del que** me contaste que era bastante exigente. 4

¿Quién es Juan? 2

VENTANILLA 2

Tengo que enviar estos documentos a Juan por correo urgente. 1

El que vino a verme ayer. ¿Recuerdas? 3

Bueno, ese es nuestro trabajo. Siempre hacemos **lo que** pide el cliente, ¿no? 6

Efectivamente, **a quien** nunca puedes darle un *no* por respuesta y, además, hay que hacer las cosas **como** él quiere. 5

Vaya, ahora no encuentro la dirección **adonde** debo enviárselo. 7

FORMA

Relativo	Hace referencia a:
Que	Personas y objetos.
El que, la que, los que, las que	Personas y objetos.
Lo que	Situaciones, ideas.
Quien, quienes	Personas.
Como	La forma, modo o procedimiento en que se realiza la acción.
Donde	Lugares. Indica una situación.
Adonde	Dirección, el lugar hacia el que se va.
A donde	

(Ver tema 22 del nivel A1, tema 26 del nivel A2 y tema 26 del nivel B1)

USO

A. *El que, la que, los que, las que*

1. Al contrario que el relativo *que,* se utilizan sin antecedente porque:
- Están al principio de frase.
El que tiene la chaqueta de pana es el novio de María.
- El antecedente está implícito. No está expreso, pero es conocido por el contexto.
Se comieron <u>el queso</u> **que** había.   Se comieron **el que** había.

2. También, al contrario que el relativo *que,* se utilizan cuando:
- Van a continuación de una preposición.
No recuerdo el nombre de la calle **por la que** paso para ir a trabajar.
- Van después de *todo/a/os/as, también, tampoco incluso, solamente, únicamente* o *exclusivamente.*
Aquí hay muchas flores, pero **todas las que** compraste ayer están ya secas.
- Con la construcción «nombre de persona o nombre común + verbo *ser*»
<u>Mercedes</u> es **la que** no va a acudir a la reunión.   <u>Ese libro</u> es **el que** recomendé a mis alumnos.

3. El artículo debe concordar con el género y el número de su antecedente implícito o explícito.
Ya han estrenado <u>las películas</u> **de las** que te hablé.

4. En muchos casos equivalen a un demostrativo.
El que vino a verme ayer.   *Ese que* vino a verme.

B. *Quien / quienes*

1. Su antecedente está implícito, no se menciona en la frase; y se refiere a una persona, nunca a un animal o a un objeto.
*Firmad en esta lista **quienes** deseen ir al teatro la próxima semana.*

2. Es intercambiable con *el que, la que, los que* y *las que* cuando:
- Va al comienzo de una frase.
***Quien** (El que) quiera venir a la excursión debe apuntarse en esta lista.*
- Va detrás del verbo *ser.*
*Ella es **quien** (la que) me informó.*

3. Excepto inmediatamente después del verbo *haber, tener* y *hallar.*
*Hay **quienes** no saben lo que quieren.*   *No hay **quien** lo comprenda.*
*Pobre Carlos, no tiene **quien** lo consuele.*

C. *Lo que*

1. Su antecedente (implícito o explícito) es una situación o una idea.
*Que salgas todas las noches es **lo que** me molesta.*
***Lo que** escribiste es bueno. Deberías publicarlo.*
*Me parece fenomenal **lo que** vas a hacer. Es muy sensato.*
*Mañana en la reunión explicaré en **lo que** no estoy de acuerdo.*

D. *Como*

1. Equivale a *de la manera que, de la forma que.*
*Decora la casa **como** te apetezca.*

2. Es obligatorio solo en la estructura *«ser + gerundio + como».*
*No es quejándote **como** vas a conseguir tu objetivo.*   *Quejándote no vas a conseguir tu objetivo.*
*Es hablando **como** se entiende la gente.*   *Hablando se entiende la gente.*

E. *Donde*

1. Equivale a *en el que / en la que / en los que / en las que,* cuando el antecedente está explícito y se refiere a un lugar.
*Este es el hospital (en) **donde** nací. / Este es el hospital **en el que** nací.*

2. Se puede emplear con cualquier preposición.
*Me gusta pasear por caminos (por) **donde** no hay mucha gente.*

3. El antecedente puede ser un adverbio de lugar como *aquí, ahí, allí, allá.*
*Podemos comer allí, **donde** está la mesa vacía.*

4. Se utiliza también sin antecedente expreso.
*Lo compramos **donde** tú quieras.*

5. Es obligatorio en las estructuras: *«ser + expresión de lugar + donde»* y *«expresión de lugar + ser + donde».*
*Fue en Toledo **donde** lo conocí.*
*En Toledo fue **donde** lo conocí.*

F. *Adonde*

1. Se emplea con verbos de movimiento y con antecedente expreso.
*Volvimos al mismo pueblo **adonde** fuimos el año pasado.*

2. Nunca debe utilizarse con otra preposición.

3. Suele utilizarse *a donde* cuando no se indica el antecedente.
*Vamos **a donde** tú quieras.*

2.

1. La forma de la oración relativa.
Une las frases con un relativo.

0. No molestes al niño. El niño está durmiendo.
   No molestes al niño que está durmiendo.
....

1. He quedado con un amigo. Trabajé con ese amigo unos años.
....

2. Te he traído todos estos diccionarios. Son todos los diccionarios que me pediste.
....

3. Pedro es un abogado. No confío en él.
....

4. Terminaré la tesis en marzo. Llevo trabajando en la tesis dos años.
....

5. La empresa ha dado los resultados económicos del año. Los resultados económicos son muy favorables.
....

6. Esta noche viene a cenar Carlos. Quiero colaborar con Carlos en un proyecto.
....

7. Ayer encontré un libro. Llevaba mucho tiempo buscando el libro.
....

8. A las cinco llegó el presidente francés. La presidenta alemana firmará un acuerdo con el presidente francés.
....

Aciertos: .... | **de 8**

2. *Que*, ¿con artículo o sin artículo?
Completa.

0. Mi primo, ¿sabes?, ...*el que*.... vive en Londres, ha publicado un artículo en el periódico.

1. Pídele el favor a Fernando, él es .... sabe la respuesta.

2. El perro .... mordió a tu hijo también ha mordido al mío.

3. No pienso salir esta noche con Marta y María, con .... no me hablo desde hace semanas.

4. • Tuvimos una reunión con la Sra. Gómez.
   ○ ¿La Sra. Gómez? ¿Te refieres a Ana Gómez, ... dirige el Departamento de Finanzas?

5. .... deseen venir a la excursión deben apuntarse en esta lista.

6. El viernes pasado tuve una cena con los compañeros del colegio, a .... no veía desde hace años.

7. Deja el sitio a este señor, ... es muy mayor.

8. ¿Sabes dónde están las fotocopias .... hice ayer?

9. Voy a llamar a María. Quiero que me devuelva los libros .... le presté el mes pasado.

10. No insistas, solo irán a la conferencia .... tienen interés.

Aciertos: .... | **de 10**

3. *Que* con preposiciones.
Relaciona y forma frases con sentido.

0. Sueño con unas vacaciones	a. con el que	I.	estudiabas periodismo.
1. Mira cómo se quedó la moto	b. en las que	II.	podrás ir al campo.
2. Ayer me encontré a ese amigo tuyo	c. por el que	III.	nadie nos llame.
3. Aquí tienes la noticia	d. con los que	IV.	tuvo el accidente.
4. Este es el cuadro	e. con la que	V.	me enteré de lo ocurrido.
5. Te he comprado unos pantalones	f. por la que	VI.	han pagado 3.000 euros.

Aciertos: .... **de 5**

4. Elige un relativo.
Marca la opción correcta.

0. No hay plazas suficientes para todos **quienes / los que / lo que** quieren ir en avión.
1. **Quienes / Quien / Que** desee participar en el congreso deberá inscribirse.
2. Tengo varios clientes a **los que / que / quien** visitar hoy.
3. Me escribió una carta muy desagradable, **al que / a lo que / a la que** no he respondido.
4. De coches no entiendo mucho, pero **el que / lo que / que** me gusta es este.
5. Podrán examinarse aquellos alumnos **que / los que / lo que** hayan aprobado el primer parcial.
6. Juan ha decidido cambiar de trabajo, **quien / lo que / el que** me parece muy bien.
7. **Que / Quien / Quienes** busca encuentra.
8. ¿Dónde están mis camisas nuevas, **que / lo que / las que** has traído de la tintorería?

Aciertos: .... **de 8**

5. ¿Donde, adonde o a donde?
Marca la opción correcta.

0. Con el poco tiempo que tengo, saco el trabajo de **donde / adonde / a donde** puedo.
1. ○ Esta es la ciudad **adonde / a donde / donde** yo quiero vivir. Me encanta Toledo.
   ● Pues yo iré a la ciudad **donde / a donde / adonde** me lleven.
   ○ ¿Por qué?
   ● Porque si la empresa me lleva a un pueblo, pues iré al pueblo. Viviré **a donde / adonde / donde** tenga trabajo. Así es la vida.
2. ○ ¿Has visto mis llaves?
   ● No, pero estarán **a donde / adonde / donde** siempre las pones, en la cocina.
3. Me llevaron **donde / a donde / adonde** me estaban esperando para hacerme la entrevista.
4. Finalmente hice la inscripción **a donde / donde / adonde** me recomendaste. Fue muy fácil y rápido.

Aciertos: .... **de 6**

6. El relativo con artículo.

Completa con *lo que, el que, la que, los que o las que.*

0. No entiendo ....*lo que*...... ocurre aquí. Todo el mundo está serio.

1. ○ ¿Qué mesa te vas a comprar?

   ● Finalmente .... vimos ayer cuando paseábamos.

2. No estoy de acuerdo con .... dicen de que el proyecto es inviable.

3. Voy a regalar a María un secador como .... le regalaste a Pepa.

4. ¿Has visto .... ha hecho tu hijo?

5. Me llama mucho la atención .... dijo el jefe ayer en la reunión.

6. Las chicas con .... salgo los viernes son compañeras del colegio.

7. Por favor, tira ya los periódicos. Bueno, ... ya has leído, claro.

8. La empresa para .... hice la traducción, todavía no me ha pagado.

9. ○ ¿Qué debemos estudiar para el examen?

   ● Pues todo .... el profesor ha explicado en clase.

10. A mí .... más me gusta de viajar es conocer a gente.

Aciertos: .... **de 10**

7. Repasa todos los pronombres relativos.

Marca la opción correcta.

0. **Como / Lo que / El que** llamó ayer era el fontanero. Dice que viene el lunes.

1. **Lo que / La que / Como** no me parece bien es que no venga a trabajar hoy.

2. Esta plancha que me he comprado plancha **donde / la que / como** a mí me gusta.

3. Prefiero que sea Martín **lo que / el que / como** hable con el Sr. López.

4. Cristina es su empleada preferida. Hace las cosas **lo que / como / la que** a él le gusta.

5. No te preocupes, Antonio está escribiendo el informe **lo que / como / el que** se lo hemos pedido.

6. ○ Ya me han roto la maleta en el aeropuerto.

   ● ¿**Lo que / La que / Como** compraste antes del verano?

7. **Como / La que / Lo que** más nervioso me pone es que no llame.

8. La fiesta en **lo que / como / la que** conocí a Pedro era de disfraces.

9. **El que / a donde / Lo que** no se calle se va de clase.

10. ○ ¿Por qué no metes el bocadillo en la mochila?

    ● En la mochila llevaré **como / donde / lo que** yo quiera. Y el bocadillo lo llevo en la mano.

11. No te entiendo, ¿qué es **lo que / como / la que** me quieres decir?

12. Lo haremos así, **lo que / como / la que** tú dices.

13. Iremos **a donde / lo que / la que** tú quieras este verano.

14. Se encontraron **como / donde / lo que** se habían conocido por primera vez.

Aciertos: .... **de 14**

8. Una noticia muy importante. Infórmate.

Lee la noticia, complétala con uno de los relativos y responde a las preguntas.

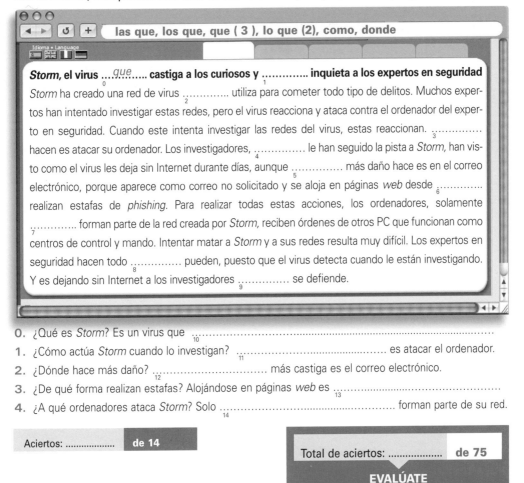

las que, los que, que (3), lo que (2), como, donde

Idioma • Language

Storm, el virus ....*que*..... castiga a los curiosos y .... inquieta a los expertos en seguridad

Storm ha creado una red de virus .... utiliza para cometer todo tipo de delitos. Muchos expertos han intentado investigar estas redes, pero el virus reacciona y ataca contra el ordenador del experto en seguridad. Cuando este intenta investigar las redes del virus, estas reaccionan. .... hacen es atacar su ordenador. Los investigadores, ... le han seguido la pista a *Storm,* han visto como el virus les deja sin Internet durante días, aunque .... más daño hace es en el correo electrónico, porque aparece como correo no solicitado y se aloja en páginas *web* desde .... realizan estafas de *phishing.* Para realizar todas estas acciones, los ordenadores, solamente .... forman parte de la red creada por *Storm,* reciben órdenes de otros PC que funcionan como centros de control y mando. Intentar matar a *Storm* y a sus redes resulta muy difícil. Los expertos en seguridad hacen todo .... pueden, puesto que el virus detecta cuando le están investigando. Y es dejando sin Internet a los investigadores .... se defiende.

0. ¿Qué es *Storm*? Es un virus que ....

1. ¿Cómo actúa *Storm* cuando lo investigan? .... es atacar el ordenador.

2. ¿Dónde hace más daño? .... más castiga es el correo electrónico.

3. ¿De qué forma realizan estafas? Alojándose en páginas *web* es ....

4. ¿A qué ordenadores ataca *Storm*? Solo .... forman parte de su red.

Aciertos: .... **de 14**

Total de aciertos: .... **de 75**

EVALÚATE

| Muy bien | Bien | Regular | Mal |

TODO OÍDOS. Escucha el diálogo.

- Estoy muy contenta, todo me ha salido fenomenal, **como** yo deseaba. Ha sido difícil planificar el viaje, pero finalmente vamos **a donde** quería ir, a Cancún, **que** tiene muchísimas playas para hacer submarinismo. Es un lugar **al que** siempre he querido ir.
- **Lo que** me parece increíble es que, con tan poco tiempo para organizarlo, hayas conseguido Cancún. Muchas veces no puedes elegir y al final te vas **adonde** quedan plazas.
- Bueno, cambiemos de tema y vamos a trabajar un poco. Tenemos que decidirnos ya. ¿Qué hacemos con las instrucciones de este examen?
- Creo que es mejor poner una cruz en la casilla para señalar la respuesta correcta.
- A mí me da igual, la verdad. Hazlo **como** quieras. Lo importante es que **quienes** hagan este examen tengan las instrucciones claras, que no pierdan tiempo averiguando el lugar **donde** deben responder.

Componentes:
El futuro perfecto

3

FORMA	USO
El verbo *haber* en futuro y el participio.	Para referirse a acciones futuras ya terminadas.

¿Dónde **habré puesto** mi reloj?

¡Qué despistado eres, Mariano! Lo **habrás puesto** en el cajón.

5

FORMA

Regla general

El futuro perfecto se forma con el futuro del verbo *haber* y el participio.
Está muy cansado. **Habrá estado** *trabajando todo el día.*
Los pronombres siempre van delante del verbo *haber*.
¿Se nos **habrá olvidado** *el móvil o lo* **habremos perdido**?

	Futuro perfecto	
	Futuro de *haber*	**+ participio**
yo	habré	habl**ado**
tú	habrás	com**ido**
él, ella, usted	habrá	viv**ido**
nosotros, nosotras	habremos	**Irregulares:** abierto, escrito, roto,
vosotros, vosotras	habréis	visto, puesto, vuelto, dicho, hecho...
ellos, ellas, ustedes	habrán	

USO

1. Se utiliza para expresar acciones terminadas en el futuro antes de algún momento futuro que normalmente está expreso.
Para el examen **habrá estudiado** *todos los temas, es muy responsable.*
Mañana **habré terminado** *este proyecto, o al menos, eso espero.*
El equipo **habrá presentado** *el proyecto el lunes sin falta.*
Ella **habrá terminado** *sus deberes para la hora de cenar.*

2. La idea de acción afirmativa, futura y acabada se suele reforzar con el adverbio *ya*.
Dentro de dos horas ya **habré terminado** *los ejercicios.*
No veo a Rosa... Se **habrá ido** *ya.*

3. Para expresar una acción futura terminada anterior a otra acción futura, es decir, expresa una acción futura que ocurrirá antes que otra acción futura.
Cuando llegues, ya **habré terminado** *el trabajo. (Llegues y habré terminado son acciones futuras, pero primero yo terminaré y luego tú llegarás)*
Cuando lleguéis, ya nos **habremos ido**.
Habrás sacado *dinero antes de ir a la compra, ¿verdad?*

4. También puede expresar una probabilidad, suposición o hipótesis sobre una acción pasada.
■ *No encuentro mis gafas. ¿Dónde las* **habré puesto**?
● *Las* **habrás puesto** *en la mesilla, como siempre (=Probablemente las has puesto...).*
Salvador **habrá perdido** *el avión, seguro. (=Probablemente ha perdido el avión).*

Ejercicios

1. La forma del futuro perfecto (I).

Conjuga los siguientes verbos en futuro perfecto.

0. (Yo) acabar .... *Habré acabado* ....

1. (Tú) terminar ....

2. (Él, ella, usted) poner ....

3. (Nosotros, nosotras) volver ....

4. (Vosotros, vosotras) estar ....

5. (Ellos, ellas, ustedes) ser ....

6. (Él, ella, usted) salir ....

7. (Tú) comer ....

8. (Yo) cerrar ....

Aciertos: .... **de 8**

2. La forma del futuro perfecto (II).

Completa estas frases con futuro perfecto.

Buenos propósitos: prometo que para el lunes...

0. ...*Habré contestado*................ todos los correos electrónicos. (**contestar**)

1. .... mi tarea de clase. (**hacer**)

2. .... para el examen. (**estudiar**)

3. .... mucho español. (**hablar**)

4. .... un museo. (**visitar**)

5. .... el armario. (**ordenar**)

6. .... toda la ropa. (**planchar**)

7. .... a mucha gente. (**conocer**)

8. .... con mis amigos. (**divertirse**)

Aciertos: .... **de 8**

3. ¿Futuro imperfecto o futuro perfecto?

Marca la opción correcta.

0. **Terminaré** / **Habré terminado** el informe hoy, después de ordenar esto, te lo prometo.

1. Te prometo que antes de irme **terminaré** / **habré terminado** el informe. Ahora mismo lo hago.

2. Según el hombre del tiempo, esta noche **nevará** / **habrá nevado**. Ya lo verás.

3. Mañana, cuando nos levantemos, **nevará** / **habrá nevado** y todo estará blanco.

4. Ya **recibirá** / **habrá recibido** mi carta. Se la mandé hace quince días.

5. ¡Ya no está aquí! Se **cansará** / **habrá cansado** de esperarnos y se **irá** / **habrá ido**. Llegamos muy tarde.

6. ¿Qué hora **será** / **habrá sido**? Tengo ya mucha hambre.

7. No ha llegado todavía y la película está a punto de empezar. Seguro que no **podrá** / **habrá podido** salir a su hora, como nos dijo.

8. Imagino que **vendrá** / **habrá venido** mañana, porque ya es muy tarde.

Aciertos: .... **de 9**

4. El futuro perfecto se utiliza para hacer suposiciones.
Completa las siguientes frases usando el futuro perfecto.

0. ○ Está muy cansado. ¿Qué _habrá hecho_ en clase? **(hacer - él)**

● _Habrá estado_ practicando la probabilidad en el pasado. **(Estar)**

1. ○ Juan no para de beber agua.

● .... jamón para almorzar. **(Comer)**

2. ○ ¿Qué hace el grifo abierto?

● Lo .... yo abierto, perdona. **(dejar)**

3. ○ Se está saliendo el agua otra vez.

● El fontanero no .... bien la tubería. **(apretar)**

4. ○ El suelo de la terraza está mojado.

● Pues ...., porque yo no he regado. **(llover)**

5. ○ Oye, no sale agua de la ducha.

● ....el agua por alguna avería de la calle. **(Cortar - ellos)**

6. ○ Dicen que este verano habrá restricciones de agua.

● .... menos que el año pasado. **(Nevar)**

○ Cuando termine el verano, se .... las reservas de agua de los pantanos. **(acabar)**

7. ○ ¿Dónde está Clara?

● No sé. .... por agua. **(Ir)**

8. ○ El autor de este ejercicio está obsesionado con el agua.

● ....con ella anoche. **(Soñar)**

Aciertos: .... **de 9**

5. El futuro perfecto se utiliza para hacer promesas.
Relaciona los diálogos. Luego, complétalos con futuro perfecto.

0. Necesito el informe para mañana. ⟶ **a.** No te preocupes. Antes de irme hoy, lo _habré acabado._ **(acabar - yo)**

1. ¿Tenemos tiempo de ir al museo?

2. ¿Llegarán a Londres antes de las 5?

3. ¿Terminarán las obras pronto?

4. ¿Terminarás los deberes antes de la cena?

5. Mi hijo tiene hoy examen de gramática. ¡Qué nervios!

b. Por supuesto, para la cena ya los .... , te lo prometo. **(hacer - yo)**

c. Sí, porque el avión .... a su hora, seguro. **(salir)**

d. Seguro que aprueba, ... lo suficiente, es muy responsable. **(estudiar - él)**

e. Sí, porque a las once ya .... de trabajar. **(salir - yo)**

f. Sí, no se preocupe, para Navidad ya .... completamente los últimos arreglos. **(terminar - nosotros)**

Aciertos: .... **de 5**

6. ¡Recicla, es bueno para todos!

Completa el anuncio con los verbos para conocer los beneficios del reciclaje.

> ahorrar - apoyar - ayudar - contribuir – reducir

¡A reciclar!

Si tú reciclas…

0. _habrás reducido_ la necesidad de los vertederos y la incineración de residuos.

1. .... energía y habrás evitado la contaminación causada por la extracción y procesamiento de materiales vírgenes.

2. .... a disminuir las emisiones de gases de invernadero que contribuyen al cambio climático global.

3. .... la conservación de recursos naturales como la madera, el agua y los minerales.

Y sobre todo .... 4. a sostener el medioambiente para generaciones futuras.

Recicla, por favor. Tu planeta te lo agradecerá para siempre

Aciertos: .... **de 4**

Total de aciertos: .... **de 43**

EVALÚATE

| Muy bien | Bien | Regular | Mal |

TODO OÍDOS. Escucha el diálogo.

- Cariño, no se te **habrá olvidado** poner a grabar mi serie favorita…
- Se lo dijiste al niño, no a mí, ¿eh? Pero lo **habrá hecho**, supongo.
- ¡Antonio… dentro del vídeo no hay ninguna cinta! ¿Dónde la **habrá puesto** este niño? ¿Dónde **habrá dejado** la cinta? ¡Antonio, que no la veo por ninguna parte! ¿No se **habrá marchado** sin grabarme la serie? Hoy era el último capítulo.
- Seguramente la **habrá colocado** en la estantería del salón. ¡Busca por ahí, anda!
- Este no me la **habrá grabado**, como si lo viera. Se **habrá ido** a jugar al fútbol, **habrá dejado** el móvil en la mochila y no **habrá visto** el mensaje que le envié para recordárselo… ¡pues me va a oír! ¿Y cómo **habrá terminado**… se **habrán casado** al final? ¿Se **habrán descubierto** todos los secretos? Bueno, paciencia, ya me enteraré de todo en la peluquería.

Componentes:
El condicional compuesto

4

FORMA	USO
El verbo *haber* en condicional y el participio.	Para expresar probabilidad en el pasado, futuro respecto a un momento pasado, hipótesis sobre el pasado en oraciones condicionales y para expresar deseos pasados no cumplidos.

¿No ha llegado Paloma todavía? ¡Qué raro! Si no hubiera podido venir, me **habría avisado.**

Está nevando mucho, a lo mejor no llega a tiempo.

No, no. Ella **habría llegado** ya a pesar de la nieve, es muy puntual. ¿Estás segura de que no ha llamado?

Si hubiera llamado, se lo **habría dicho.** Pero ahora mismo la llamo y salimos de dudas.

FORMA

Regla general

El condicional compuesto se forma con el condicional del verbo *haber* y el participio.

	Condicional compuesto	
	Condicional de *haber*	+ participio
yo	habría	
tú	habrías	habl**ado**
él, ella, usted	habría	com**ido**
nosotros, nosotras	habríamos	viv**ido**
vosotros, vosotras	habríais	
ellos, ellas, ustedes	habrían	

USO

1. Se utiliza para expresar probabilidad o posibilidad en el pasado, normalmente en un pasado anterior a otro pasado.
   *Supongo que ya **habría salido** de casa cuando le llamaste, ¿no?*
   La acción expresada por el condicional compuesto no se considera real, se presenta como incierta, probable, como una suposición.
   *Pensaba que **habrían coincidido** ya en algún otro congreso.*
   *Creí que lo **habrías comprendido,** pero veo que no.*
2. También puede expresar un hecho futuro con relación a un momento pasado. Se utiliza muy frecuentemente en el estilo indirecto.
   *Ayer me dijo que hoy a las 8.00 **habría llegado.** Y son las 8.30 y todavía no está aquí.*
3. Expresa hipótesis sobre el pasado en oraciones condicionales: «*si* + pluscuamperfecto de subjuntivo, condicional compuesto». [Ver tema 18].
   *Si hubieras ahorrado, **habrías podido** comprarte ese coche.*
   En la lengua hablada es frecuente la alternancia entre condicional compuesto y pluscuamperfecto de subjuntivo (más con las formas en **-ra**) en este tipo de oraciones.
   *Si hubiera puesto la radio, me **habría enterado** (hubiera enterado) de la noticia.*
4. Expresa deseos no cumplidos, no realizados, en el pasado.
   *¡Me **habría encantado** ir al Carnaval de Tenerife el año pasado!*
   En la lengua hablada también es frecuente la alternancia entre condicional compuesto y pluscuamperfecto de subjuntivo (más con las formas en **-ra**) en este tipo de oraciones.
   *Me **habría gustado** (hubiera gustado) verte.*

1. La forma del condicional compuesto (I).

Conjuga los siguientes verbos en condicional compuesto.

0. (Yo) pensar .... *habría pensado* ....
1. (Él) juzgar ....
2. (Tú) hacer ....
3. (Ellos) decir ....
4. (Ella) resolver ....
5. (Nosotros) decidir ....
6. (Usted) quejarse ....
7. (Vosotros) abrir ....

8. (Ella) suponer ....
9. (Usted) devolver ....
10. (Yo) esperar ....
11. (Ustedes) subir...
12. (Él) rehacer..
13. (Yo) romper...
14. (Nosotros) ver..
15. (Tú) volver ....

Aciertos: .... **de 15**

2. La forma del condicional compuesto (II).

Completa con el condicional compuesto.

Yo creía que en el 2008 ya...

0. ...*Se habrían acabado*... las guerras. **(acabarse)**
1. .... chino perfectamente. **(aprender - yo)**
2. .... toda la gramática. **(entender - yo)**
3. .... por todo el mundo. **(viajar - yo)**
4. .... tres hijos. **(tener - ella)**
5. .... otro libro de cuentos. **(escribir - tú)**
6. .... el proyecto. **(terminar - nosotros)**
7. .... quién era el asesino de J.F.K. **(descubrir - ellos)**
8. .... el planeta Marte. **(pisar - nosotros)**
9. .... la vacuna contra el cáncer. **(descubrir - ustedes)**
10. .... volver a Madrid. **(decidir - vosotros)**

Pero no fue así.

Y también pensaba que en el 2008 aún no...

0. ...*Habrían salido*... de mi pueblo. **(salir - yo)**
1. .... las obras. **(terminar - ellos)**
2. .... a cantar. **(volver - él)**
3. .... de casa. **(cambiar - nosotros)**
4. .... vuestra relación. **(rehacer - vosotros)**
5. .... los secretos de la familia. **(contar - ellos)**
6. .... un novio. **(conseguir - yo)**
7. .... capaz de hacer una buena paella. **(ser - tú)**
8. .... su primer millón de euros. **(ganar - usted)**
9. .... como artistas. **(triunfar - nosotros)**
10. .... nada nuevo. **(inventar - ellos)**

Aciertos: .... **de 20**

Ejercicios

3. Usos del condicional compuesto.

Completa las frases con el condicional compuesto. Después indica el uso que corresponde.

1. Probabilidad o posibilidad en el pasado.
2. Hecho futuro con relación a un momento pasado.
3. Deseo no cumplido en el pasado.
4. Hipótesis sobre el pasado en oraciones condicionales.

0. Creía que ya se .....*habría acabado*..... la mayonesa. Por eso he comprado un bote. ① ② ③ ④
(acabarse)

1. Me .... ir al cine contigo, pero me fue imposible. **(gustar)** ① ② ③ ④

2. Probablemente .... quedarte un rato más en la fiesta, ¿no? **(querer)** ① ② ③ ④

3. Dijiste que vendrías el jueves porque ya .... el proyecto. **(terminar)** ① ② ③ ④

4. Si hubieras sabido que era mi jefe, tú no .... así con él. **(hablar)** ① ② ③ ④

5. Si hubiera sabido que estabas tan interesado, te .... a la conferencia. **(invitar - yo)** ① ② ③ ④

6. Me dijo que a las 7 ya ...., pero llegó más tarde. **(llegar)** ① ② ③ ④

7. Si no hubiera leído esa novela, no .... a Don Quijote. **(conocer)** ① ② ③ ④

8. Te ...., pero me dejé el móvil en casa. **(llamar)** ① ② ③ ④

9. Yo .... hablar con él. **(intentar)** ① ② ③ ④

Aciertos: .... **de 9**

4. El condicional compuesto para expresar condiciones y reproches.

Completa estas oraciones condicionales con el condicional compuesto.

0. Si hubiera merecido la pena, ...*habríamos luchado*..... por conseguir ese contrato. Pero no era interesante. **(luchar - nosotros)**

1. Si hubierais venido en taxi, no .... tarde al teatro. Ahora ya es tarde, no podemos entrar. **(llegar)**

2. Si hubieras comido con nosotros, ... la mejor paella del planeta. **(probar)**

3. Si hubieras estudiado un poco más, ... el curso. **(aprobar)**

4. Si hubieras venido a mi fiesta de cumpleaños, ... a gente muy interesante. **(conocer)**

5. Si hubieses llegado antes, ... a la abuela. **(ver)**

6. Si le hubiera regalado flores sin motivo, ... algo. **(sospechar - ella)**

7. Si me hubieras perdonado, ... contigo. **(volver - yo)**

8. Si me lo hubieras pedido con tiempo, te lo .... **(prestar)**

9. Si no hubiera sido por ti y por tu declaración, nunca .... a los culpables. **(descubrir - nosotros)**

Aciertos: .... **de 9**

5. **El condicional compuesto para formular hipótesis sobre el pasado.**
Relaciona.

0. Aunque hubierais llegado antes,

1. Si hubiera aprobado el último examen de la carrera,

2. Él nunca habría hecho nada ilegal.

3. Aunque se lo hubieras explicado mil veces,

4. No habríamos firmado las escrituras

5. Hubiera dicho lo que hubiera dicho,

6. Si hubiera recibido aquella postal desde Cuba,

7. No te habría gustado lo que pensaba decirte,

8. ¿Pero por qué comisteis pasta en Valencia?

9. Si hubiera visto fantasmas en su casa,

a. habría vuelto a La Habana con ella.

b. ¿No habríais preferido comer paella?

c. habría terminado sus estudios.

d. no habríais podido conseguir entradas.

e. no lo habrían entendido.

f. hasta que hubiera llegado el notario.

g. por eso preferí no decírtelo.

h. Va contra sus principios.

i. se habría muerto de miedo.

j. no habrían aceptado mi propuesta.

Aciertos: .... **de 9**

6. **Y tú, ¿qué habrías hecho?**
Completa con el condicional compuesto.

0. ○ Yo me fui de luna de miel a Egipto.

● Pues yo en tu lugar ......*me habría ido*........ a París. **(irse)**

1. ○ Estuve en Tenerife y comí «papas arrugás».

● Pues yo en tu lugar .... el conejo en salmorejo. **(probar)**

2. ○ He estado en Toledo y tengo un dolor de pies...

● Mujer, yo en tu lugar me .... zapatos cómodos. **(llevar)**

3. ○ El concursante ha fallado la pregunta.

● Pues si yo fuera él, no .... cuál es la capital de Brasil. **(fallar)**

4. ○ Escuché disparos y me metí debajo de la cama.

● Pues yo en tu lugar .... a la policía. **(llamar)**

Aciertos: .... **de 4**

Total de aciertos: .... **de 66**

EVALÚATE

Muy bien   Bien   Regular   Mal

 **TODO OÍDOS.** Escucha el diálogo.
8

■ Durante la conferencia afirmaron que dentro de veinte años ya **habrían descubierto** todas las vacunas necesarias.

■ ¡Qué interesante! Me **habría gustado** asistir, pero no tenía invitación.

● ¡Qué pena! Yo tenía una de más. Te **habría llamado** para ir juntos, pero mi móvil se quedó sin batería.

■ Oye, ¿y no crees que han exagerado un poco con esos futuros descubrimientos? Yo lo **habría dicho** de otra manera, quizá no **habría sido** tan optimista o quizá no **habría asegurado** con tanta fuerza que los problemas de salud se **habrían acabado** en veinte años. En fin, ojalá tengan razón.

El pretérito imperfecto de

5

FORMA	USO
El pretérito imperfecto de subjuntivo.	Expresa deseos poco posibles o imposibles, duda y cortesía.

FORMA

Regla general

El imperfecto de subjuntivo se forma a partir de la tercera persona del plural del indefinido: se sustituye la terminación **-ron** por las desinencias **-ra** o **-se**. Las tres conjugaciones (**-ar**, **-er**, **-ir**) tienen las mismas desinencias y sus formas de la primera y tercera persona del singular son iguales.

El imperfecto de subjuntivo	
yo	**-ra / -se**
tú	**-ras / -ses**
él, ella, usted	**-ra / -se**
nosotros, nosotras	**-ramos / -semos**
vosotros, vosotras	**-rais / -seis**
ellos, ellas, ustedes	**-ran / -sen**

-AR	-ER	-ER
3ª persona plural del indefinido		
*habla**ron***	*comie**ron***	*vivie**ron***
habla**ra** / habla**se**	comie**ra** / comie**se**	vivie**ra** / vivie**se**
habla**ras** / habla**ses**	comie**ras** / comie**ses**	vivie**ras** / vivie**ses**
habla**ra** / habla**se**	comie**ra** / comie**se**	vivie**ra** / vivie**se**
hablá**ramos** / hablá**semos**	comié**ramos** / comié**semos**	vivié**ramos** / vivié**semos**
habla**rais** / habla**seis**	comie**rais** / comie**seis**	vivie**rais** / vivie**seis**
habla**ran** / habla**sen**	comie**ran** / comie**sen**	vivie**ran** / vivie**sen**

subjuntivo

USO

1. *Ojalá (que)* con presente de subjuntivo sirve para expresar deseos posibles en el presente o futuro, con el imperfecto de subjuntivo expresa deseos poco posibles o imposibles generalmente en el presente o futuro.
*¡Ojalá **vuelva** pronto mi novia!* (Posible).
*¡Ojalá **volviera** pronto mi novia!* (Poco posible o imposible).

El imperfecto de subjuntivo también puede expresar pasado. Para evitar la ambigüedad, se añade un adverbio o expresión que lo indique (*ayer, la semana pasada,* etc.).
*¡Ojalá que no **hubiera clase** mañana!*
*¡Ojalá que no **hubiera clase** ayer!*

2. Sirve para expresar duda en el pasado.
*Quizá **volvieran** / **volviesen** ayer.*
*Tal vez **comieran** / **comiesen** juntos el domingo.*
*Probablemente **fueran** / **fuesen** al cine.*

3. El pretérito imperfecto de subjuntivo corresponde a tres tiempos simples del indicativo: pretérito indefinido, pretérito imperfecto y condicional:

Creo que...	llegó a tiempo	No creo que...	
Creía que...	llegaba a tiempo	No creía que...	**llegara / llegase** a tiempo.
Creí que...	llegaría a tiempo	No creí que...	

Como regla general, podemos decir que cuando se necesita un verbo en subjuntivo en una oración subordinada, este será imperfecto de subjuntivo si el verbo principal está en pasado o condicional.
*Me gustó / gustaría que **viniera** David a la fiesta.*
*Te pedí / pediría que te **pusieras** la bufanda.*
*Fue / sería una pena que **lloviera**.*

4. Sirve para expresar cortesía con los verbos *querer, deber, poder* y *valer.* En estos casos solo se admite la forma terminada en **-ra**. Con este valor puede alternar con el condicional y el pretérito imperfecto de indicativo.
***Quisiera** pedirle un favor. (Querría / quería).*
*No **debieras** hablar así a tu padre. (Deberías / debías).*

5. Formas en **-ra** y formas en **-se**.
Son intercambiables. La elección de una u otra forma depende de los hablantes, pero, tanto en la lengua hablada como en la escrita, hay una clara preferencia por las formas en **-ra**.
*Me dijo que se lo **diera** / **diese**.*
*Lo hicimos para que **estuvieras** / **estuvieses** mejor.*
*Me gustaría que **vinieras** / **vinieses**.*

Sin embargo, hay dos casos en que se debe usar **-ra**, nunca **-se**:

- Cuando equivale a un pretérito indefinido. Es un uso periodístico poco recomendable, pero de producirse, ha de hacerse con formas en **-ra**.
*El discurso que **pronunciara** / pronunció el ministro fue decepcionante.*
*Los goles que **metiera** / metió Raúl fueron de antología.*

- Con verbos como *poder, deber, querer,* en fórmulas de cortesía, donde alterna con el imperfecto de indicativo y el condicional simple.
***Quisiera** pedirle un favor. (Querría / quería).*
*Creo que no **debiéramos** precipitarnos. (Deberíamos / debíamos).*
***Pudiera** ser verdad lo que dice. (Podría / podía).*

1. El imperfecto de subjuntivo se forma a partir del indefinido.
a. Escribe la forma de la tercera persona plural del indefinido.
b. Forma el imperfecto de subjuntivo de acuerdo a la persona.

0. Hablar .... *hablaron* .... (yo) ⟶ .*hablara / hablase*..

1. Comer .... (tú) ⟶ ....

2. Vivir .... (él) ⟶ ....

3. Saltar .... (nosotros) ⟶ ....

4. Trabajar .... (vosotros) ⟶ ....

5. Escribir .... (ellos) ⟶ ....

6. Contestar .... (yo) ⟶ ....

7. Contar .... (tú) ⟶ ....

8. Explicar .... (usted) ⟶ ....

9. Cortar .... (nosotros) ⟶ ....

Aciertos: .... **de 9**

2. El indefinido irregular.
Escribe los siguientes verbos en imperfecto de subjuntivo.

0. Andar .... *Anduvieran* .... (ellos)

1. Caber .... (él)

2. Dar .... (ustedes)

3. Decir .... (nosotros)

4. Estar .... (tú)

5. Haber .... (ella)

6. Hacer .... (ustedes)

7. Poder .... (vosotros)

8. Poner .... (yo)

9. Querer .... (yo)

10. Saber .... (tú)

11. Ser .... (ellos)

12. Ir .... (ellos)

13. Tener .... (nosotros)

14. Traer .... (ustedes)

15. Venir .... (tú)

Aciertos: .... **de 15**

3. Las dos formas del imperfecto de subjuntivo.
Forma en *-se* los siguientes verbos irregulares.

0. Conducir: condujera .... *condujese* ....

1. Producir: produjera ....

2. Reducir: redujera ....

3. Sentir: sintiera ....

4. Mentir: mintiera ....

5. Preferir: prefiriera ....

6. Dormir: durmiera ....

7. Morir: muriera ....

8. Medir: midiera ....

9. Pedir: pidiera ....

10. Servir: sirviera ....

11. Leer: leyera ....

12. Creer: creyera ....

13. Caer: cayera ....

14. Construir: construyera ....

15. Oír: oyera ....

Aciertos: .... **de 15**

4. **Usos del imperfecto de subjuntivo.**

Completa con los verbos en el imperfecto de subjuntivo. Pon en las frases pares formas en -ra y en las impares, formas en -se.

0. No era necesario que me ....*pidierais*..... permiso para venir. **(pedir - vosotros)**

1. No quería que sus hijos .... a un colegio religioso. **(ir)**

2. No sabía que .... tantos problemas con el inquilino. **(tener - vosotros)**

3. No veía bien que .... independizarse tan jóvenes. **(querer - ellos)**

4. Les conté un cuento para que .... pronto. **(dormirse - ellos)**

5. Sería mejor que .... un poco más alto. **(hablar - vosotros)**

6. Me gustaría que esto .... en los periódicos. **(salir)**

7. Solo pretendía que .... felices. **(ser - vosotros)**

> Aciertos: .... **de 7**

5. **Usos del imperfecto de subjuntivo para expresar deseos poco posibles o imposibles (I).**

Completa estos deseos.

0. ¡Ojalá que miles de personas ......*leyeran*....... tu novela! **(leer)**

1. ¡Ojalá que me .... hoy mi novio! **(llamar)**

2. ¡Ojalá este libro .... un *best seller*! **(ser)**

3. ¡Ojalá .... a vernos! **(volver – nosotros)**

4. ¡Ojalá .... para algo este esfuerzo! **(servir)**

5. ¡Ojalá que mis consejos os .... útiles! **(ser)**

6. ¡Ojalá que no .... exámenes nunca! **(haber)**

7. ¡Ojalá .... mi príncipe azul! **(aparecer)**

> Aciertos: .... **de 7**

6. **Usos del imperfecto de subjuntivo para expresar deseos poco posibles o imposibles (II).**

Quieres que ocurran estas situaciones, pero lo ves improbable. Dilo con «¡*Ojalá (que)* + imperfecto de subjuntivo!».

0. Quieres que te llame tu mejor amigo. ......*¡Ojalá (que) me llamara mi mejor amigo!*......

1. Quieres que se acabe el hambre en el mundo. ....

2. Quieres que aparezca el libro que perdí. ....

3. No quieres quedarte calvo nunca. ....

4. Quieres aprobar el examen del carné de conducir a la primera. ....

5. Quieres que todos vivamos 200 años. ....

6. Quieres que haya paella para comer. ....

7. Quieres que se arreglen nuestros problemas. ....

> Aciertos: .... **de 7**

7. **Usos del imperfecto de subjuntivo para expresar hipótesis.**
Completa las oraciones con los verbos en imperfecto de subjuntivo y relaciona.

0. Ayer era «el día de los inocentes».

1. Conozco a ese chico de algo.

2. Anoche David llegó tardísimo.

3. Me gustaría volver a ver a Dani y a Damián.

4. ¡Qué raro! No tenían hambre.

5. Anoche llamé a los Medina y no estaban.

6. Me extraña que no fueran a la fiesta Carlos y Ramón.

7. Me dijo Rocío que había un atasco terrible para volver a Tegueste.

8. Fui al aeropuerto y ya se había ido Reinaldo.

9. Alberto se sentía muy solo sin sus amigos.

a. Quizá .... verlos otra vez estas vacaciones en Tenerife. **(poder - tú)**

b. Probablemente .... al cine. **(ir - ellos)**

c. Es posible que .... antes de lo previsto y .... un taxi. **(llegar, tomar - él)**

d. Por eso tal vez no ....*fuera*.... cierta la noticia. **(ser - ella)**

e. Quizá lo .... en Madrid. **(ver - tú)**

f. Seguramente .... tarde de trabajar. **(salir - él)**

g. Puede que .... de Italia por eso. **(regresar - él)**

h. Tal vez .... algo antes de venir a casa. **(comer - ellos)**

i. Quizá .... cansados. **(estar - ellos)**

j. Seguramente .... en hora punta del pueblo. **(salir - ella)**

Aciertos: .... **de 9**

8. **Todas estas oraciones tienen el verbo subordinado en imperfecto de subjuntivo.**
Complétalas y sacarás una conclusión.

0. La <u>acompañé</u> para que no ....*tuviera*........... que ir sola a casa. **(tener - ella)**

1. ¿Cuántas veces te <u>dije</u> que no .... más tarde de las doce? **(llegar - tú)**

2. Aunque no .... esa impresión, <u>estaba</u> muy nerviosa. **(dar - ella)**

3. <u>Dudaba</u> de que .... volver por el mismo camino. **(saber - ellos)**

4. <u>Esperaba</u> que tú .... mejor nota en el test. **(sacar - tú)**

5. <u>Sería</u> una pena que .... mañana. **(llover)**

6. Te <u>presté</u> la moto para que .... a trabajar, no para irte a la playa. **(ir)**

7. No <u>compraríamos</u> este piso aunque .... barato. Tiene poca luz. **(ser)**

8. Le <u>pedí</u> que me .... la verdad. **(decir - él)**

9. Les <u>recomendé</u> que .... de vacaciones a China. **(ir)**

10. El médico me <u>aconsejó</u> que no .... sin gafas. **(conducir)**

11. Me <u>dijeron</u> que lo .... yo mismo. **(hacer)**

12. Me <u>extrañó</u> que Marcos no .... salir con nosotros. **(querer)**

Conclusión: El verbo principal siempre está en algún tiempo del _____ de indicativo o en _____ simple.

Aciertos: .... **de 12**

9. Usos del imperfecto de subjuntivo solo en *-ra* y no en *-se*.

Completa estas frases con imperfecto de subjuntivo y di en cuáles
se puede o no se puede utilizar también la forma en *-se*.

	(SÍ)	(No)
0. ....*Quisiera*......... pedirle un favor. (**Querer - yo**)		x
1. Creo que no .... precipitarnos. (**deber - nosotros**)		
2. Me dijo que se lo .... envuelto en papel de regalo. (**dar - yo**)		
3. No .... salir de casa con esa fiebre. (**deber - ella**)		
4. El discurso que .... el ministro fue magnífico. (**pronunciar - él**)		
5. Tal vez no .... ella la culpable. (**ser - ella**)		
6. Los goles que .... Raúl fueron de antología. (**meter - él**)		
7. Buenos días, ... pedirle algo. (**querer - yo**)		
8. Compré esta cama para que .... más cómodos. (**estar - nosotros**)		
9. Perdón, no .... molestar. (**querer - yo**)		

Aciertos: .... **de 9**

10. Ayuda a este chico extranjero con su texto.

Completa con los verbos en imperfecto de subjuntivo.

Para Eva, la chica que se sienta al lado de la ventana en el aula B-2.
...........*Quisiera*........... (**Querer - yo**) decírtelo a la cara, pero no tengo valor. Ojalá .... (**leer -
tú**) este anuncio, ojalá me............................ (**tomar - tú**) de la mano y no me .... (**soltar
- tú**) nunca, ojalá .... (**estar - tú**) siempre a mi lado, ojalá no .... (**tener -
yo**) miedo a hablarte. Ojalá .... (**saber - yo**) más español para que este anuncio
.... (**ser - él**) más bonito. Me encantaría que nos .... (**escapar - nosotros**)
al fin del mundo. Bueno, ¡allá voy! ¿Sería mucho pedir que .... (**ser - tú**) la mujer de mi vida?
Fdo: El que no para de mirarte en clase.

Aciertos: .... **de 9**

Total de aciertos: .... **de 99**

EVALÚATE

Muy bien	Bien	Regular	Mal

TODO OÍDOS. Escucha el diálogo.

10

Camarero: Buenas noches, ¿saben ya los señores lo que van a tomar?
Señora: Sí. Yo **quisiera** una crema de cangrejos de primero y, después, merluza a la vasca, por favor.
Camarero: ¿Y el caballero?
Señor: Lo mismo que la señora, y **quisiéramos** también unas alcachofas para picar.
Camarero: Lo siento caballero, pero ojalá **hubiera** buenas alcachofas en esta época, pero estamos
en verano y no son buenas.
Señor: Tiene usted razón. ¡Qué pena! Ojalá **estuviéramos** en diciembre o en enero porque nos
encantan.

Componentes:

El pretérito perfecto de subjuntivo

6

FORMA	USO
El verbo *haber* en presente de subjuntivo y el participio.	Para referirse a acontecimientos pasados relacionados con el presente.

FORMA

Regla general:

El pretérito perfecto de subjuntivo se forma con el presente de subjuntivo del verbo *haber* y el participio.
*Espero que no **hayas tenido** problemas para llegar a casa.*

Pretérito perfecto de subjuntivo		
	Presente de *haber*	**+ participio**
yo	haya	
tú	hayas	habl**ado**
él, ella, usted	haya	com**ido**
nosotros, nosotras	hayamos	viv**ido**
vosotros, vosotras	hayáis	
ellos, ellas, ustedes	hayan	

USO

1. Expresa una acción acabada y completa en un pasado en relación con el presente.
*Ojalá **haya llegado** ya a casa.*
*Espero que María **haya comprado** el pan, a mí se me ha olvidado.*
*Siento que **hayas discutido** con tu novia.*

2. Igual que el pretérito perfecto de indicativo, puede ir acompañado de *ya, todavía no, aún...*
*Espero que **todavía** no se haya ido. Tengo que hablar con ella.*
*¡Que **aún** no se haya ido, por favor! Tengo que hablar con ella.*
En frases con *ya* el presente de subjuntivo expresa inminencia de la acción mientras que con el pretérito perfecto de subjuntivo expresa acción acabada.
*Espero que **llegue** a casa ya.   Espero que **haya llegado** a casa ya.*

3. En las oraciones temporales, expresa acción acabada en el futuro.
*Llámame en cuanto **hayas llegado**.*
*Cuando **hayas terminado** el trabajo, estarás más tranquila.*

1. Repasa los participios irregulares.

Completa con el verbo en la forma adecuada.

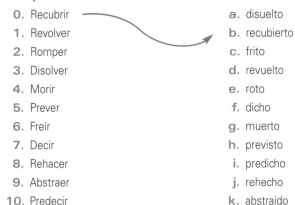

0. Recubrir		**a.** disuelto
1. Revolver		**b.** recubierto
2. Romper		**c.** frito
3. Disolver		**d.** revuelto
4. Morir		**e.** roto
5. Prever		**f.** dicho
6. Freír		**g.** muerto
7. Decir		**h.** previsto
8. Rehacer		**i.** predicho
9. Abstraer		**j.** rehecho
10. Predecir		**k.** abstraído

Aciertos: .... **de 10**

2. El pretérito perfecto de subjuntivo para expresar deseos y probabilidad en un pasado con relación en el presente.

Completa con el verbo en la forma adecuada.

0. Es muy posible que ....*hayan estado*....... aquí esta mañana, pero ya no están, se han ido. **(estar - ellos)**

1. Espero que .... el correo electrónico. Tenía que enviarlo a las 15:00 y son las 15:15. **(escribir - ella)**

2. Probablemente .... ya el problema, porque no nos han vuelto a llamar para pedir ayuda. **(resolver - ellos)**

3. Ojalá .... ya a casa. Si no ha vuelto, no podemos verlo hoy, porque tenemos que salir dentro de una hora. **(volver - él)**

4. Espero que .... la nota que le hemos dejado. **(ver - ella)**

5. Es probable que .... la ventana. Ahora hace más frío. **(abrir - ellos)**

6. ¡Que .... la comida! Me muero de hambre. **(hacer - él)**

7. Tengo lotería de ayer. ¡Ojalá me .... ! Voy a mirarlo en el periódico. ¡Quiero comprarme un coche! **(tocar - ella)**

8. No lo sé, tendrás razón; quizá .... esta mañana, pero no tenía el móvil conectado. Estaba en clase. **(llamar - él)**

9. Posiblemente .... mucho esta noche mientras dormía, porque están todas las calles mojadas. **(llover)**

10. Es posible que .... mucho interés en el trabajo, pero no lo han hecho bien. **(poner - ellos)**

Aciertos: .... **de 10**

3. El pretérito perfecto de subjuntivo para expresar la opinión.
Elige una opción adecuada.

0. Es posible que todo .... bien.

   a. ha salido   b. saliera   c. <u>haya salido</u>   d. sale

1. No creo que .... la piscina todavía, hace mucho calor.

   a. han cerrado   b. cerrarán   c. hayan cerrado   d. cierran

2. Me da igual que .... ya. Los veré la semana que viene y podremos hablar.

   a. os vais   b. se hayan ido   c. os habéis ido   d. os fuisteis

3. Os recomiendo que el próximo miércoles, antes de la reunión, ... el trabajo.

   a. hayáis terminado   b. terminaréis   c. termináis   d. habéis terminado

4. Me alegra muchísimo que me .... de ese trabajo. Estoy deseando empezar.

   a. han llamado   b. llaman   c. hayan llamado   d. llamarán

5. Se esforzó mucho para que todo .... bien en la fiesta.

   a. haya resultado   b. ha resultado   c. hubiera resultado   d. resulta

6. Es bueno que .... aquí un año. Ahora habla mucho mejor español.

   a. ha vivido   b. haya vivido   c. había vivido   d. vive

7. Con un poco de suerte que .... esta mañana, habrás aprobado el examen.

   a. has tenido   b. tendrás   c. hayas tenido   d. tienes

8. Es natural que .... Le has hablado muy mal.

   a. se ha enfadado   b. se enfada   c. habrá enfadado   d. se haya enfadado

Aciertos: .... **de 8**

4. ¿Presente o perfecto de subjuntivo? Acción inminente, acción acabada.
Completa con las formas del presente de subjuntivo o del perfecto de subjuntivo.

0. Espero que ......*llegue*...... ya, porque la reunión empieza dentro de poco. **(llegar - él)**

1. Espero que .... ya, porque la reunión empezaba hace cinco minutos. **(llegar - él)**

2. Aunque los pasajeros .... ahora, no les dará tiempo. El avión está a punto de despegar. **(venir)**

3. Ojalá .... ya, tengo muchas ganas de verlo. **(salir - él)**

4. Probablemente todavía no .... el autobús, aún no es la hora. **(pasar)**

5. Es probable que aún no .... la cafetería. Es muy pronto. **(abrir - ellos)**

6. Quizá .... ya. Son muy puntuales y ya son las 17:01. **(entrar - ellos)**

7. Probablemente .... ya. Es muy tarde. **(salir - ellos)**

8. Esperamos que lo .... bien en nuestra fiesta. **(pasar - vosotros)**

9. Siento mucho que .... enfadado conmigo. **(estar - tú)**

10. Siento mucho que antes te .... conmigo por lo que he dicho. **(enfadar - tú)**

Aciertos: .... **de 10**

5. **El pretérito perfecto de subjuntivo para expresar acción acabada en un tiempo futuro.**

Completa con uno de los verbos en la forma adecuada.

acabar	preparar	aprobar	dejar	llegar	hablar

0. Cuando .... *hayas aprobado* .... el examen, tendrás el permiso de conducir y podrás viajar tú solo. De momento tienes que venir conmigo.

1. Cuando .... los ejercicios, conocerás el pretérito perfecto de subjuntivo mejor.

2. En cuanto .... la comida, avísanos y nos sentamos a la mesa.

3. No saldremos hasta que .... de llover.

4. Llámame en cuanto .... a casa, para hablar contigo con tranquilidad.

5. Cuando .... sobre ese asunto, entenderéis el punto de vista del otro.

Aciertos: .... **de 5**

6. **Consejos del Dalái Lama para vivir mejor.**

Lee las recomendaciones de Dalái Lama, complétalas e infórmate.

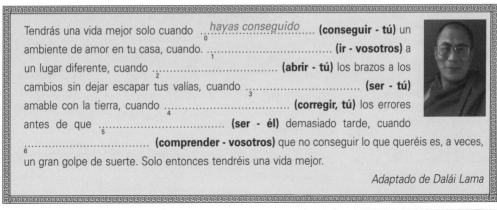

Tendrás una vida mejor solo cuando .... *hayas conseguido* .... **(conseguir - tú)** un ambiente de amor en tu casa, cuando .... **(ir - vosotros)** a un lugar diferente, cuando .... **(abrir - tú)** los brazos a los cambios sin dejar escapar tus valías, cuando .... **(ser - tú)** amable con la tierra, cuando .... **(corregir, tú)** los errores antes de que .... **(ser - él)** demasiado tarde, cuando .... **(comprender - vosotros)** que no conseguir lo que queréis es, a veces, un gran golpe de suerte. Solo entonces tendréis una vida mejor.

Adaptado de Dalái Lama

Aciertos: .... **de 6**

Total de aciertos: .... **de 49**

EVALÚATE

Muy bien   Bien   Regular   Mal

12

TODO OÍDOS. Escucha el diálogo.

Juan: Aurora, por favor, avísame cuando **hayas acabado** el informe.

Aurora: ¿Y eso?

Juan: Tenemos que cerrar el presupuesto.

Aurora: Ya lo he hecho.

Juan: ¡Qué bien que lo **hayas hecho**! Gracias.

Aurora: De todas formas lo repasamos juntos, no estoy segura de que **haya incluido** todo.

Juan: Vale, lo vemos juntos. Cuando lo **hayas impreso,** ven a verme.

El pretérito pluscuamperfecto de subjuntivo

7

FORMA	USO
El verbo *haber* en imperfecto de subjuntivo y el participio.	Para expresar probabilidad en el pasado, futuro respecto a un momento pasado, hipótesis sobre el pasado en oraciones condicionales y para expresar deseos pasados no cumplidos.

¡Qué película tan bonita!

¡Ojalá **hubiéramos venido** antes! He disfrutado mucho.

¿Te imaginas que la protagonista **hubiera muerto** en la última escena?

Entonces la película no **hubiera tenido** un final feliz y a mí me gustan las películas con final feliz.

13

FORMA

Regla general

El pluscuamperfecto de subjuntivo se forma con el imperfecto de subjuntivo del verbo *haber* y el participio.

Pueden usarse libremente las formas en **-ra (hubiera)** o en **-se (hubiese)**, pero es más frecuente la forma en **-ra (hubiera...)**.

	Pluscuamperfecto de subjuntivo	
	Imperfecto de subjuntivo de *haber*	**+ participio**
yo	hubiera o hubiese	
tú	hubieras o hubieses	habl**ado**
él, ella, usted	hubiera o hubiese	com**ido**
nosotros, nosotras	hubiéramos o hubiésemos	viv**ido**
vosotros, vosotras	hubierais o hubieseis	
ellos, ellas, ustedes	hubieran o hubiesen	

USO

1. Expresa una acción acabada y completa en el pasado, anterior a otra acción. A diferencia del pretérito perfecto de subjuntivo, el pasado no tiene relación con el presente.
Siento que hayas discutido con tu novia (ahora, hoy, esta semana…).
*Sentí que **hubieras discutido** con tu novia (antes, ayer, la semana pasada…).*
A diferencia del pretérito imperfecto de subjuntivo, expresa acción acabada y completa en el pasado anterior a otra acción en el pasado (la del verbo principal).
*Me sentó fatal que te **hubieras ido** (no te vi, te habías ido).*
Me sentó muy mal que te fueras (te vi y en ese momento te fuiste).

2. Introducido por *que* o por *ojalá* expresa deseos de imposible realización en el pasado (el imperfecto de subjuntivo expresa deseos de difícil o imposible realización en el presente o en el futuro).
*Me **hubiera encantado** viajar a la India (en el pasado). Me encantaría viajar a la India (ahora o en el futuro).*

3. Expresa acciones hipotéticas en el pasado y, a veces, en la lengua oral se utiliza como el condicional compuesto para opinar, sugerir, excusarnos o reprochar en el pasado. (Ver tema 4 de este nivel).
*Quizá **hubiera llegado** a tiempo. En tu lugar, yo **hubiera ido** a ese viaje, es muy interesante.*

4. En las oraciones condicionales, expresa una condición de imposible cumplimiento en el pasado. (Ver tema 18 de este nivel).
*Si **hubieras venido** a la fiesta, habrías visto a Pepe.*

1. La forma del pretérito pluscuamperfecto (I): acción acabada anterior a otra.
Completa con el pluscuamperfecto de subjuntivo.

0. No creímos que, cuando llegáramos, ellos ya se *hubieran acostado*. **(acostarse)**

1. No me gustó que .... tan pronto de la oficina, teníamos que hablar. **(irse - tú)**

2. Juan no vino a la reunión; quizá habría venido si lo .... para recordárselo. **(llamar - nosotros)**

3. Habría sido mucho mejor que .... una hora antes. **(ir - vosotros)**

4. Habríamos terminado a tiempo si no .... un apagón por la tormenta. No pudimos trabajar con el ordenador. **(haber)**

5. Era importante que ya .... bien inglés antes de ir a la universidad. **(aprender - ella)**

6. Tuvimos que marcharnos antes de que .... **(llegar - vosotros)**

7. Aunque no .... el impermeable, no os habríais mojado mucho. Cayeron cuatro gotas. **(traer - vosotros)**

8. Él no dijo que .... tú el culpable, pero lo insinuó. **(ser)**

9. Para que .... más cómodos durante la cena de ayer, tendríais que haber encendido la calefacción unas horas antes. **(estar - vosotros)**

10. Allison sabía español no porque antes .... en Toledo sino porque lo había aprendido en la universidad. **(vivir)**

Aciertos: .... **de 10**

2. La forma del pretérito pluscuamperfecto (II): deseos imposibles en el pasado o en el futuro.
Completa con la forma adecuada del imperfecto o del pluscuamperfecto de subjuntivo.

0. Ayer me *hubiera quedado* en la cama todo el día, me encontraba fatal. **(quedar - yo)**

1. Ojalá .... ir a la reunión de mañana, pero tenemos un examen y no podré ir. **(poder)**

2. Ojalá se .... un coche entonces, cuando tenía dinero. Ahora ya no puede. **(comprar - ella)**

3. .... a pasear por el campo, pero llovía muchísimo y nos quedamos en casa. **(Salir - nosotros)**

4. Nos .... alquilar un coche, pero al final nos fuimos en avión. **(Gustar)**

5. Me .... ese modelo de teléfono móvil, pero no lo tenían y no podía esperar; necesitaba uno. **(gustar)**

6. .... que no hubiera enfermedades en el mundo. **(Querer - yo)**

7. ¡Que me .... más caso! Eso es lo que quisiera, pero solo piensas en ti. **(hacer - tú)**

8. Ojalá no .... por esa cuestión. Fue una situación desagradable. **(discutir - vosotros)**

9. Me .... al cine, pero tenía muchas cosas que hacer. **(ir - yo)**

10. Te .... ayer el documento, pero no tenía acceso a la Red. **(enviar - yo)**

Aciertos: .... **de 10**

3. Usos del pretérito pluscuamperfecto: deseos, reproches y excusas.
Marca la opción adecuada.

0. Ojalá no te **habrías caído / <u>hubieras caído</u>**. Ahora podrías venir con nosotros.

1. Deseaba que **hubieras venido / habrías venido** con nosotros.

2. ¡Que **habría nevado / hubiera nevado** el fin de semana pasado! Es lo que necesitábamos para ir a esquiar.

3. Me **encantara / hubiera encantado** ir a la playa el fin de semana.

4. Yo en tu lugar no **regañara / hubiera regañado** con él.

5. Ojalá no **habría fallado / hubiera fallado** el penalti.

6. En tu lugar me **comprase / hubiera comprado** un gato. No tienes tiempo para ocuparte de un perro.

7. Si me **hubieras escuchado / habrías escuchado**, no tendrías problemas.

8. Yo quería que **habría ganado / hubiera ganado** el Real Madrid, pero perdió.

9. Santi se ha comprado un ordenador de sobremesa. Probablemente yo me **comprase / hubiera comprado** un ordenador portátil; ocupan menos espacio y lo puedes llevar contigo.

10. Si **habrías estudiado / hubieras estudiado** más, habrías obtenido mejor nota en el examen.

11. Viera / Hubiera visto esa obra de teatro, pero estaba de viaje.

Aciertos: .... **de 11**

4. Cada acción con su resultado.
Escribe la forma adecuada del pluscuamperfecto de subjuntivo y relaciona.

0. Conocía muy bien Madrid.

1. Hasta que te conocí no sabía de nadie

2. Me dio mucha pena que no .... ir a la fiesta **(poder - tú)**

3. Si .... más, **(dormir - ella)**

4. Yo en tu lugar no .... la casa. **(vender)**

5. Lo que hacía falta es que

6. Si .... el reproductor, **(traer - él)**

7. Consiguió que todos .... del asunto **(informarse)**

8. Me tranquilizó mucho que antes de la reunión

9. Ojalá .... un día más, **(actuar - él)**

10. Si no .... el libro a la biblioteca, **(devolver - tú)**

11. Me .... ser **(encantar)**

a. .... todos y no solo unos pocos. **(participar)**

b. .... la documentación a tiempo. **(presentar - ellos)**

c. ahora no tendría sueño.

d. ahora podríamos leerlo para consultar la duda.

e. antes de discutirlo.

f. Es posible que ya ..*hubiera visitado*.. la ciudad antes. **(visitar - ella)**

g. escucharíamos el disco.

h. Estaba muy céntrica, al lado del parque y era muy bonita.

i. así habría podido ir al concierto.

j. que .... seis idiomas con tu edad. **(aprender)**

k. piloto de aviones.

l. porque lo pasamos muy bien.

Aciertos: .... **de 11**

5. **Para entender un texto sobre la década de los 80.**

Completa con el pluscuamperfecto de subjuntivo.

Si hubieras tenido 20 años en los 80, probablemente ....*hubieras llevado*...

(llevar) un reloj digital Casio. .... **(bailar)** una Lambada.

.... **(ver)** los dibujos de Mazinger Z o de Snoopy y

.... **(jugar)** con el Spectrum 48K.

.... **(ir)** en el coche sin cinturón de seguridad y tu médico

.... **(fumar)** en la consulta.

De pequeño .... **(estar)** jugando en la calle con tus amigos.

.... **(ir)** a un concierto de Hombres G o de Radio Futura.

Si te hubieras hecho una herida en la rodilla, te la .... **(curar - ellos)** con mercromina.

.... **(llamar - tú)** *Lagarto* al jabón de Marsella y .... **(pintar)** con Plastidecores.

.... **(leer - tú)** *Mortadelo y Filemón*.

Aciertos: .... **de 11**

TODO OÍDOS. Escucha el diálogo.

- ■ ¿Te imaginas que **hubiéramos ido** a la playa en lugar de a la montaña?
- ● Ahora estaríamos tumbados al sol y no **hubiéramos tenido** que andar tanto cuesta arriba.
- ■ Sí, pero no **hubiéramos visto** paisajes tan bonitos, ni **hubiéramos disfrutado** de tanta tranquilidad.
- ● Ya, pero **hubiéramos estado** con más gente.
- ■ Allí no **hubieras visto** los animales que hemos visto aquí. Además, no me gusta nada ir a la playa en verano. Hay demasiada gente.
- ● Bueno, vale, pero el próximo viaje será a la playa.

Total de aciertos: .... **de 53**

EVALÚATE

Muy bien   Bien   Regular   Mal

Componentes:
Las perífrasis verbales

8

FORMA	USO
Deber de y *ponerse a* + infinitivo, *ser* + participio.	Para expresar la probabilidad, el comienzo de una acción y una acción pasiva.

Entrenador, ya estoy lista. Si le parece, ahora mismo **me pongo a entrenar** porque hace demasiado frío para estar parada.

Deben de estar todos en el vestuario. ¿Sabe si viene hoy Luis?

Pero ¿dónde está el resto del equipo?

Creo que no. Ayer **fue expulsado** al final del partido.

15

FORMA

Recuerda la forma

Regla general: Las perífrasis se forman con un verbo conjugado (que da un matiz a la acción), acompañado en ocasiones de una preposición, y un verbo en forma no personal, infinitivo, gerundio o participio (que indica la acción).

	Ponerse a	Dejar de	
yo	me pongo a	dejo de	
tú	te pones a	dejas de	
él, ella, usted	se pone a	deja de	+ infinitivo
nosotros, nosotras	nos ponemos a	dejamos de	
vosotros, vosotras	os ponéis a	dejáis de	
ellos, ellas, ustedes	se ponen a	dejan de	

	Ser	
yo	soy	
tú	eres	
él, ella, usted	es	+ participio
nosotros, nosotras	somos	
vosotros, vosotras	sois	
ellos, ellas, ustedes	son	

USO

1. *Deber de* + infinitivo

1. Se utiliza para expresar probabilidad.
__Deben de__ quedar treinta kilómetros para llegar a Santander. (Posiblemente queden treinta kilómetros a Santander).

2. No se puede utilizar:
Con la forma interrogativa. **¿__Deben de__ ser las seis?*
Con el verbo conjugado en condicional. **__Deberíais de__ decir lo que yo os he explicado.*
Con el verbo conjugado en imperativo. **__Debed de__ que está exquisito, porque se ha pasado toda la mañana cocinando.*

3. Aunque se puede usar en cualquier otro tiempo verbal, normalmente se utiliza en presente o en imperfecto de indicativo.
__Ya deben__ de ser las cinco. Vámonos.
__Debían de__ ser las cinco cuando salimos de casa.

4. Contraste *deber de* + infinitivo y *deber* + infinitivo:
Deber de + infinitivo expresa una probabilidad.
__Debe de__ ser un buen trabajador, porque los clientes confían en él. (Probablemente es un buen trabajador).
Deber + infinitivo expresa la obligación de hacer algo.
__Debe ser__ un buen trabajador para conseguir más clientes. (Tiene que cumplir con sus obligaciones).

2. *Ponerse a* + infinitivo

1. Se utiliza para expresar el comienzo de una acción. Esta perífrasis no expresa la continuidad de esa acción iniciada.
__Me pongo__ a tocar el piano en cuanto mi vecino sale de casa.

2. En presente se utiliza también para anunciar la intención de comenzar a hacer algo.
Enseguida __me pongo__ a estudiar contigo.

3. *Ser* + participio

1. Se utiliza para expresar una acción pasiva e indica una acción terminada.
El alcalde de la ciudad __fue__ aplaudido en la manifestación.

2. Solo se utiliza con verbos transitivos, nunca con verbos intransitivos.
* Esta cama es __dormida__.   ** El helado es __gustado__ por los niños.*
* Yo soy __estado__ en Barcelona.   ** Nosotros somos __ido__ a Teruel en tren.*

3. Se puede utilizar en cualquier tiempo verbal, pero en imperfecto no es muy frecuente en la lengua oral y solo se utiliza en un registro culto literario o periodístico.
A las seis de la tarde el delincuente __era__ detenido por la policía local.

4. Cuando se expresa el agente de la acción, se introduce mediante la preposición *por*.
El presidente fue elegido __por__ todos los asistentes a la reunión.

5. La forma pasiva no es muy utilizada, especialmente cuando no se expresa el agente de la acción. Se usa especialmente en un registro culto y escrito. En general, se utiliza más la voz media. (Ver tema 1, los pronombres personales).
El alcalde __fue aplaudido__ en la manifestación.
__Se aplaudió__ al alcalde en la manifestación.

Ejercicios

1. Contraste entre *deber* y *deber de* + infinitivo.
Completa con una de las perífrasis en la forma adecuada.

0. Ya son las ocho. ....*Debes*.......... levantarte ya para ir al colegio.

1. Mira, ... hablar con Luisa y pedirle perdón por tu actitud de ayer.

2. Suena el timbre. .... ser la prima Laura que ha olvidado las llaves de casa.

3. Se encuentra muy mal, está en la cama. .... ser gripe porque tiene la garganta inflamada y bastante fiebre.

4. Tus padres .... pensar que nos hemos vuelto locos por comprarnos un descapotable.

5. Hijo, ... hacer lo que te dice el médico: no te levantes de la cama.

6. .... pensar en tu futuro. Acepta el puesto en Buenos Aires.

7. Ana, deja que se enfríe el café. ....…................... quemar bastante, porque mira el humo que sale de la taza.

8. .... comer muy mal, porque están muy débiles y delgados.

9. Fernández, este despacho .... estar ordenado para las cinco. Si no, despídete de tu trabajo.

Aciertos: .... **de 9**

2. *Ponerse a* y *deber de* + infinitivo.
Transforma las frases marcadas utilizando una de las perífrasis.

0. **Ahora mismo redacto** las conclusiones del informe en cuanto termine de cenar.
Me pongo a redactar las conclusiones del informe en cuanto termine de cenar.

1. A Jorge **seguramente se le ha pegado** la comida porque huele a quemado.
....

2. **Ahora mismo estudio** el tema de las perífrasis para terminar con los deberes de hoy.
....

3. **Por lo que dices, piensas** que yo no tengo valor para enfrentarme a ella.
....

4. Es una persona muy obsesiva y, nada más llegar a casa, **ordena** su colección de relojes y los coloca por tamaños y colores.
....

5. **Supongo que** Luis y Laura **calculan** muy mal su tiempo porque siempre llegan tarde.
....

6. Guillermo **baila** y **canta** como un loco cuando suena en la radio su canción favorita.
....

Aciertos: .... **de 6**

3. La perífrasis *ser* + participio en un artículo de sucesos.
Completa el texto con una de estas expresiones en la forma correcta.

Ser detenido en su domicilio	Ser grabado	Ser visto
Ser arrestado	Ser condenado a diez años de cárcel	
Ser descubierto gracias a las grabaciones	Ser acusado de robo con intimidación	

UN JOVEN DE ALMERÍA FUE DETENIDO POR ROBAR DOS VECES EN EL MISMO ESTABLECIMIENTO

J. M. Moral, vecino de Aguadulce, [0] *fue detenido en su domicilio* en la tarde de ayer por la policía local de Almería. El presunto delincuente [1] de varios locales de la provincia donde actuó. En uno de ellos, el presunto ladrón [2] por la cámara de seguridad de la gasolinera a la que entró a robar en dos ocasiones. El atracador [3] al entrar en esa misma gasolinera cuando se preparaba para cometer un tercer robo. Miembros de la policía local, vestidos sin el uniforme reglamentario, intentaron retenerlo, pero consiguió escapar. Finalmente [4] en su propio domicilio. [5] ante el juzgado y muy probablemente [6] en el centro penitenciario de Granada.

Aciertos: .... **de 6**

4. Usos de las perífrasis (I).
Relaciona para construir frases.

0. Nuestros hijos deben de
1. ¿Nos ponemos ya a
2. Una mujer es detenida
3. El discurso de apertura
4. ¿Me pongo a
5. El camarero debe de creer
6. Pedro será convocado
7. Deben de ser
8. Si te pones a barrer ahora,
9. Ponerse a trabajar un sábado

a. fue traducido a cuatro idiomas.
b. las seis. Vámonos a casa.
c. por la tarde no le gusta a nadie.
d. no llegamos al concierto.
e. bailar en cuanto suene la música?
f. trabajar o esperamos a Luis?
g. que soy muy joven porque me ha pedido el carné.
h. a la salida de una fábrica clandestina.
i. para hacer las oposiciones en mayo.
j. pensar que nos estamos haciendo mayores.

Aciertos: .... **de 9**

5. Usos de las perífrasis (II).

Completa con las siguientes expresiones en la forma adecuada.

> **deber de tener, ser condenado, <u>deber de ser</u>, ponerse a llorar,**
> **deber de creer, ponerse a buscar, ser acusado, ponerse a llover,**
> **deber de ser, ponerse a cantar**

0. ¡Mira! Por allí sale María con las maletas. El chico que viene con ella ..*debe de ser*.. su novio italiano porque es tal y como nos lo había descrito.

1. Enseguida te atiendo y .... el documento que me pides.

2. .... ya las nueve porque acaba de entrar mi jefe a su despacho.

3. El anticuario de la calle Mayor .... del robo del manuscrito de la Biblioteca Nacional, pero al final se demostró que era inocente.

4. El hombre que aparece en la foto de portada del periódico .... por un delito cometido hace diez años.

5. Los dos hermanos gemelos .... tres años, porque ya van al colegio.

6. Mis vecinos .... que soy millonario porque es la tercera vez que me piden que les pague la cena. Si de verdad fuera millonario, ¡qué buena vida llevaría!

7. Ayer .... en mitad de la boda. Fue una pena, porque la celebración era en unos jardines.

8. .... cuando me dijeron que no iba a volver a verte nunca más.

9. Manuel siempre .... cuando se levanta por las mañanas.

Aciertos: .... **de 9**

6. Usos de las perífrasis (III).

Marca la opción ocrrecta.

Eva: ¿Vamos hoy al cine? Han estrenado la última película de Almodóvar y me encantaría verla. Todos dicen que no es muy buena, pero **debe de ser / es** que no iban con ganas de verla, me imagino.
₀

Julián: Estupendo, a mí también me apetece. Ahora mismo **me pongo a revisar / reviso** el proyecto para terminar antes de comer. Te **debo de recoger / recojo**, entonces, a las cuatro en punto en tu casa.
₁ ... ₂

Eva: Pero ¿qué hora es ahora?

Julián: No tengo reloj, pero **deben ser / deben de ser** las doce.
₃

Eva: Bueno, entonces creo que me dará tiempo a cuadrar estos balances antes de salir. Espero que no me llame Luisa, porque si lo hace, **se pondrá a hablar / hablará** como una loca y perderé mucho tiempo. **Debo darme / Debo de darme** prisa para llegar pronto al cine.
₄ ... ₅

Julián: Muy bien. ¡Hasta las cuatro!

Aciertos: .... **de 5**

7. La actualidad en titulares.

Completa con la perífrasis adecuada y el verbo en la forma adecuada.

Un padre y un hijo *fueron considerados* [0] como ejemplo de convivencia política al presentarse en una mesa electoral como interventores de partidos opuestos. **(considerar)**

Desde el año 2006, año en el que .... [1] el sistema del carné de conducir por puntos, el número de accidentes de tráfico en las carreteras españolas ha descendido un 23%. **(implantar)**

Una anciana .... [2] por un joven al .... [3] en medio de la calle sin ningún motivo aparente. **(atender, llorar)**

.... [4] saxofón y, una vez en el conservatorio, descubrió el piano. Hoy, quince años después, se ha convertido en el solista más joven de la Orquesta Nacional de España, que inaugura su temporada de conciertos esta noche en el Auditorio Nacional. **(estudiar)**

Almodóvar y Amenábar .... [5], según la revista francesa *Cinema aujourd'hui*, los directores más representativos del cine español actual y los de mayor acogida, dentro del cine internacional, en Francia y en Italia. **(elegir)**

Despedido un trabajador de la Administración por .... [6] por teléfono con su mujer en las horas de trabajo. Una inspección consiguió reunir los datos suficientes para demostrar que el trabajador .... [7] hablando aproximadamente dos horas al día con su domicilio. **(hablar, estar)**

Aciertos: .... **de 7**

Total de aciertos: .... **de 51**

EVALÚATE

| Muy bien | Bien | Regular | Mal |

TODO OÍDOS. Escucha el diálogo.

16

Locutora: Ayer se inauguró el Primer Congreso Internacional de comida moderna en el Pabellón Sur de la Feria de Madrid. Algunos visitantes **fueron recibidos** en la carpa de entrada para participar en el sorteo de un viaje alrededor del mundo. Los concursantes **se pusieron a cocinar** desde las siete de la mañana. **Debían de ser** unos trescientos participantes deseosos de conseguir este magnífico premio que **será otorgado** a quien consiga preparar el plato más creativo con tan solo tres ingredientes característicos de su país.

Componentes:

Ser y estar (repaso y ampliación)

9

FORMA	USO
El verbo *ser* con nombres, pronombres, adjetivos, y participios y preposiciones de lugar. El verbo *estar* con preposiciones de lugar, adverbios de lugar, adverbios de tiempo y adjetivos.	El verbo *ser* para definir, identificar y catalogar a personas, objetos o lugares y para expresar cualidades de forma objetiva para el hablante. El verbo *estar* para localizar y ubicar en el espacio y en el tiempo, y para expresar cualidades de forma subjetiva para el hablante.

17

¡Qué agradable **es** este lugar! 1

Por eso mi fiesta de fin de carrera **fue** aquí. ¿Lo recuerdas? 2

3 En aquella época no **estaba** en España. **Fue** imposible venir.

4 Ah, es verdad, ya recuerdo…

FORMA

Recuerda la forma

	Verbo *ser*				
	Indicativo				
	Presente	**Indefinido**	**Imperfecto**	**Futuro**	**Condicional**
yo	soy	fui	era	seré	sería
tú	eres	fuiste	eras	serás	serías
él, ella, usted	es	fue	era	será	sería
nosotros, nosotras	somos	fuimos	éramos	seremos	seríamos
vosotros, vosotras	sois	fuisteis	erais	seréis	seríais
ellos, ellas, ustedes	son	fueron	eran	serán	serían

	Imperativo	**Subjuntivo**			
		Presente	**Imperfecto**		
yo	--	sea	fuera		fuese
tú	sé	seas	fueras		fueses
él, ella, usted	sea	sea	fuera		fuese
nosotros, nosotras	seamos	seamos	fuéramos	o	fuésemos
vosotros, vosotras	sed	seáis	fuerais		fueseis
ellos, ellas, ustedes	sean	sean	fueran		fuesen

+ nombre
+ pronombre
+ adjetivo
+ participio
+ preposición de lugar

(Ver tema 7 del nivel A1, tema 5 del nivel A2 y tema 4 del nivel B1)

Verbo *estar*				
Indicativo				
Presente	**Indefinido**	**Imperfecto**	**Futuro**	**Condicional**
estoy	estuve	estaba	estaré	estaría
estás	estuviste	estabas	estarás	estarías
está	estuvo	estaba	estará	estaría
estamos	estuvimos	estábamos	estaremos	estaríamos
estáis	estuvisteis	estabais	estaréis	estaríais
están	estuvieron	estaban	estarán	estarían

yo / tú / él, ella, usted / nosotros, nosotras / vosotros, vosotras / ellos, ellas, ustedes

	Imperativo	**Subjuntivo**			
		Presente	**Imperfecto**		
yo	--	esté	estuviera		estuviese
tú	está	estés	estuvieras		estuvieses
él, ella, usted	esté	esté	estuviera	o	estuviese
nosotros, nosotras	estemos	estemos	estuviéramos		estuviésemos
vosotros, vosotras	estad	estéis	estuvierais		estuvieseis
ellos, ellas, ustedes	estén	estén	estuvieran		estuviesen

+ preposiciones de lugar
+ adverbios de lugar
+ adverbio de tiempo
+ adjetivos

USO

Regla general: el verbo *ser* equivale a «existir» y el verbo *estar* a «hallarse» o a «encontrarse».

Se utiliza el verbo *ser*:

1. Para expresar cualidades, para definir o identificar a personas y cosas.
*Jaime **es** simpático. Al menos eso me parece a mí.*

2. Con participios en la construcción pasiva de procesos o acciones: la acción recae sobre un sujeto paciente que no es el sujeto gramatical.
*Estos pisos **fueron** construidos hace ya varios años.*

3. Para localizar espacial y temporalmente eventos y acontecimientos.
*El congreso **será** en la Universidad Complutense.*

4. Para valorar acciones o eventos.
*La conferencia **fue** muy buena, me gustó.*

Se utiliza el verbo *estar*:

1. Para expresar cualidades susceptibles al cambio (que pueden variar). Solo se puede emplear con adjetivos que admitan cambio de estado.
*¿Qué le pasa a Juan? **Está** muy simpático últimamente.*

2. Con participios para expresar el resultado de acciones o de procesos: la consecuencia de un cambio, de una acción o de una transformación (pasiva de estado).
*Los pisos ya **están** construidos y **están** limpios. Ya se puede entrar a vivir.*

3. Para localizar espacial y temporalmente personas y objetos.
*Los conferenciantes del congreso **están** en la Facultad de Filología de la Universidad Complutense.*

4. Con los adverbios *bien* o *mal*.
*La película no **está** mal, pero no me encanta.*

1. **Hay adjetivos que cambian el significado si van acompañados con *ser* o con *estar*.**
Siguiendo la primera regla, relaciona el significado del adjetivo con las frases.

0. 1. Me han dicho que **eres** una niña muy **buena**.
   2. Me han dicho que ya **estás buena**.

   a. Apetecible, agradable, sana, atractiva.
   b. Cosas: útil, no deteriorada,
      personas: bondadosa.

1. 1. El alumno **es despierto**, aprende muy rápido.
   2. El alumno ya **está despierto**, son ya las 9.

   a. Listo, inteligente.
   b. No dormido.

2. 1. Este coche **es seguro.**
   2. **Estoy seguro** de que Juan va a venir esta
      tarde a la reunión.

   a. No tener dudas, ni miedo.
   b. No presenta riesgo.

3. 1. Raúl **es** muy **considerado** y amable con las
      personas.
   2. Raúl **está considerado** como el más trabaja-
      dor de la empresa.

   a. Juzgado, meditado.
   b. Respetuoso.

   a. Inteligente.
   b. Preparada.

4. 1. Veo, Ana, que **eres** muy **lista.** Lo sabes todo.
   2. Veo que ya **estás lista,** así que vámonos.

   a. Personas: inexperta, poco preparada,
      cosa: inmadura.
   b. De ese color.

5. 1. Esas peras **son verdes** y las otras amarillas.
      ¿Cuáles prefieres?
   2. Esas peras **están verdes.** No se pueden
      comer.

Aciertos: .... de 10

2. Contraste de *ser* y *estar* (I).
Marca la opción correcta.

0. La semana pasada me encontré con Carmen. **Es / <u>Está</u>** muy contenta.
   Se va a Turquía de vacaciones.

1. **Es / Está** una zona muy bonita. Me gustaría vivir aquí.

2. Con Manuel nunca te aburres. **Es / Está** divertidísimo. Siempre cuenta chistes.

3. ¡Qué suerte han tenido en ese accidente! Todos **son / están** vivos e ilesos.

4. ¿Puedes callarte? En este momento la película **es / está** muy interesante.

5. La ventana **es / está** rota. No cierra bien.

6. La boda, que **estuvo / fue** en Toledo, **fue / estuvo** muy bien.

7. Va a empezar el verano y la piscina todavía **es / está** vacía.

8. El cliente no **es / está** satisfecho con la compra que ha hecho.

9. Tengo un perro que **es / está** buenísimo y además hace mucha compañía.

10. Si **hubiera sido / hubiera estado** en clase, ahora sabría de qué hablamos.

Aciertos: .... de 11

3. Contraste de *ser* y *estar* (II).

Completa con el verbo adecuado en el tiempo correcto.

0. Mi vecino tiene un perro que ......*es*.......... bastante peligroso.

1. El debate de los políticos .... en la televisión.

2. Espérame abajo, todavía no .... lista.

3. .... mala. Me duele la garganta.

4. A las ocho seguro que Matilde ya .... despierta.

5. Beatriz .... cansada. Déjala dormir un poco más.

6. El tiempo en el Caribe .... suave.

7. El viaje .... increíble. Nos lo pasamos genial.

8. Creo que no debería examinarse, ... un poco verde aún.

9. Me encanta tu amigo Javier, ... tan atento con las mujeres…

10. Desde luego yo no .... un cocinero maravilloso. Esta sopa .... malísima.

Aciertos: .... **de 11**

4. ¿Pasiva de estado *(estar)* o pasiva de acción *(ser)*?

Marca la opción correcta.

0. El perro **fue / estuvo** abandonado el primer día de las vacaciones.

   Este parque **es / está** abandonado. ¡Qué pena da verlo así, todo tan sucio!

1. El código **fue / estuvo** reformado hará un año y ahora todo el mundo sabe qué tiene que hacer.

   El piso **es / está** reformado y totalmente equipado, listo para vivir en él.

2. La tubería **fue / estuvo** obstruida durante varios días.

   La entrada a la Cueva de Altamira **fue / estuvo** obstruida por un derrumbe al final del Paleolítico Superior.

3. El golpe de estado **fue / estuvo** frustrado por movimientos liberales.

   El piloto de moto GP **es / está** frustrado por su mala suerte en la carrera.

4. Finalmente el condenado **fue / estuvo** encarcelado tras varios días de juicio.

   Han reforzado la vigilancia en la cárcel porque allí **es / está** encarcelado el terrorista desde la semana pasada.

5. Una amiga encontró un perro que **era / estaba** abandonado desde el verano.

   Cada año **son / están** abandonados miles de perros en verano.

6. Este parque **es / está** un horror. ¡Qué feo y qué mal gusto!

   Este parque **es / está** hecho un horror. Nadie lo cuida.

7. Por fin aquel edificio en ruinas **es / está** demolido. Ya no hay peligro de que se caiga.

   Por fin han decidido que ese edificio **sea / esté** demolido. Empiezan la próxima semana.

8. Es un buen político, pero el pobre **es / está** criticado por todos sus adversarios.

   Esta ley **es / está** tan criticada que han decidido retirarla.

Aciertos: .... **de 16**

5. Frases correctas y ordenadas.

Ordena las frases y añade el verbo *ser* o *estar* según convenga.

0. El / Olimpiadas / por / himno / el / Spiros Samara. / las / de / compuesto / griego
El himno de las Olimpiadas fue compuesto por el griego Spiros Samaras.

1. Ana / profesores / han dicho / muy / Los / que / lista. / que

....

2. mejores / Chucho Valdés / uno / considerado / los / del / pianistas / de / mundo. / como

....

3. en / Mi / buena / coche / compañía. / asegurado / una

....

4. fruta / No / porque / he / verde. / comprado / muy

....

5. 1990. / El / reconstruido / en / edificio

....

6. la / atenta / trayectoria / huracán. / a / Toda / del / ciudad / la

....

7. pintada / de / La / entráramos / casa / a / antes / vivir. / que

....

8. de / año / señor Gómez / cargo / El / pasado. / el / destituido / su

....

Aciertos: .... **de 8**

6. *Ser* o *estar* en el tiempo correcto.

Completa las frases con uno de los verbos en la forma adecuada.

0. El dinero que estamos recolectando .....*está*..... destinado a construir un colegio en Guatemala.

1. Estoy seguro de que Antonio .... molesto contigo porque aún no has ido a visitarlo.

2. Todo lo que nos rodea .... compuesto de derivados del petróleo.

3. El accidente de ayer .... en la autopista. El conductor .... muy grave.

4. La obra *De la muy noble arte y ciencia de la astrología* .... escrita por Bernardo de Granollachs. Casi todas sus obras .... publicadas después de su muerte. Bernardo Granollachs .... astrólogo y doctor en Medicina.

5. La labor de un periodista colombiano .... obstruida constantemente por funcionarios de su país.

6. La PDA .... un invento fabuloso. Ya no voy con la agenda de papel que tanto pesa.

7. No creo que la reunión del día 7 .... por la tarde.

8. Esos zapatos, ¿de qué color ...., azules o negros? Con esta luz no veo bien.

9. Nos pidió que el envío de esta carta .... urgente.

10. ○ ¿Tu novio ha estado en la playa? ¡Qué moreno ....!

● Que va, él .... así de moreno.

Aciertos: .... **de 14**

7. **Una postal desde Mallorca.**

Completa con el verbo en la forma adecuada.

Palma de Mallorca, 25 de agosto de 2008

Hola, María:

Mis padres y yo ....estamos.... (0) *de vacaciones en Mallorca.* .... (1) *una isla preciosa. Hay mucha gente, la mayoría* .... (2) *extranjera. Pensé que iba a descansar estos días, pero mi familia y yo* .... (3) *demasiado ocupados.*

Por la mañana vamos a la playa y allí aprovecho para leer el libro que me regalaste. .... (4) *muy bien.*

Ya por la tarde vamos de excursión. Por la noche, salimos. Ya sabes que a mí las discotecas no me gustan, pero aquí .... (5) *diferente.*

La gente .... (6) *muy abierta. ¡Fíjate el poco tiempo que llevamos aquí que ya hemos hecho varias fiestas! Ahora* .... (7) *, pero imagino que* .... (9) *en la playa. Hay un alemán, que* .... (8) *preparando una macrofiesta; todavía no sabemos dónde va a* .... (10) *camarero y que* .... (11) *considerado como uno de los mejores de la isla, y vive en una casa enorme. Nos deja su jardín para la fiesta. Pero creemos que* .... (12) *mejor la playa.* .... (13) *más divertido.*

Bueno, ya .... (14) *tarde y mis padres me esperan para la cena y aún no* .... (15) *lista. Y por cierto, aquí se come fenomenal. Todo* .... (16) *buenísimo.*

Escríbeme. Puede .... (17) *un correo electrónico —lo miro todos los días— que siempre* .... (18) *una alegría tener noticias de los amigos de la Península. Que* .... (19) *feliz.*

Un beso,
Constanza

Aciertos: .... **de 19**

Total de aciertos: .... **de 89**

EVALÚATE

Muy bien	Bien	Regular	Mal
●	●	●	●

TODO OÍDOS. Escucha el diálogo.

18

- ■ Mercedes, ¿sabes dónde **es** el examen?
- ● Sí, en el Conservatorio. La fecha aún no **es segura**. ¿Te vas a presentar?
- ■ No he estudiado mucho, la verdad. **Estoy** bastante **verde** todavía. Pero **estoy pensando** en presentarme y así ver cómo **es** el examen.
- ● Dicen que **es** muy difícil.
- ■ Me imagino. Si lo apruebas, recibes uno

de los títulos más importantes en música. Vamos, que **está** considerado como el mejor.
- ● Andrea dice que **está preparada**. ¿Sabías que va a las clases de Andrés García?
- ■ ¿Con don Andrés? **Es** muy bueno y también **es** caro.
- ● Bueno, me voy. Ya hablaremos. **Estaré atenta** a la fecha del examen. Te avisaré.

Componentes:
Los verbos de cambio

10

FORMA	USO
Hacerse, volverse, ponerse y *quedarse*.	Para expresar cambios en las personas.

¡Y el ganador es... Salvador García!

¡Enhorabuena! ¿Está contento?

Mucho, **me he quedado** helado cuando he escuchado mi nombre. ¡No me lo esperaba, de verdad! **Me he puesto** muy nervioso, pero ahora estoy feliz, muchas gracias.

19

FORMA

Construcción	Significado
Hacerse + sustantivos / adjetivos	Expresa un cambio de cualidad, estado o situación. Es un cambio voluntario e implica interés o esfuerzo.
Volverse + adjetivos / artículo indefinido + sustantivo	Expresa un cambio permanente de cualidad o clase. Normalmente es involuntario.
Ponerse + adjetivos / preposición + sustantivo	Expresa un cambio de estado momentáneo. Normalmente es involuntario.
Quedarse + adjetivos / participios / complemento preposicional	Expresa un cambio de estado (transitorio o permanente) como resultado de un proceso.

1. Hacerse

a. Expresa un cambio de estado, cualidad o situación con participación activa del sujeto (con voluntad o esfuerzo). Corresponde a usos de *ser*.

*Carlos **se hizo** rico con ese negocio.*

b. Con adjetivos que expresan grados de una cualidad (*pesado, ligero; pequeño, grande; fuerte, débil; joven, viejo;* etc.) expresa un cambio gradual, un proceso.

*Mis padres **se han hecho** viejos / mayores.*

*En la reunión la tensión **se hizo** insoportable.*

c. Se utiliza frecuentemente con sustantivos y adjetivos que expresan clase (nacionalidad, religión, profesión...).

*Pedro era abogado y ahora **se ha hecho** fiscal.*

***Se hizo** vegetariano / budista / socialista.*

2. Volverse

a. Expresa un cambio permanente de cualidad o clase. Con *volverse* solo expresamos el cambio, no implica la voluntad del sujeto en el cambio, ni se da importancia al proceso. Corresponde a usos de *ser*.

*Con su experiencia **se volvió** imprescindible.*

b. Se utiliza con adjetivos que expresan cualidad o grados de una cualidad, muchas veces negativos, defectos físicos o psíquicos.

***Se ha vuelto** muy antipático.*

***Se volvió** loco por la soledad*

c. Puede ir con sustantivos con artículos indefinidos e indica una valoración negativa.

***Se ha vuelto un** hombre muy conservador.*

***Se ha vuelto un** tacaño.*

3. Ponerse

a. Expresa un cambio de estado momentáneo, accidental, no definitivo de aspecto físico, estado de salud o comportamiento. Corresponde a usos de *estar*.

*En los exámenes siempre **me pongo** nervioso.*

b. Se utiliza con adjetivos de color, aspecto, estado de ánimo o salud.

*Antonio **se puso** rojo de vergüenza.*

*De repente, **se puso** pálida y se desmayó.*

*Juan **se ha puesto** enfermo y no viene.*

c. También puede ir con complementos con preposición, pero nunca se usa con sustantivos.

*Mi jefe me trata mal y hace que **me ponga en** ridículo, no hay derecho.*

*Se enfadó mucho. **Se puso de** uñas.*

4. Quedar(se)

a. Expresa cambio de estado (transitorio o permanente) como resultado de un proceso. Indica el estado del sujeto tras el cambio. Corresponde a usos de *estar*.

***Se quedó** ciego / cojo / sordo / mudo.*

***Me quedé** viudo muy joven.*

b. Se utiliza con adjetivos, con participios o con complementos con preposición.

***Me quedé** frío cuando me dijo la noticia.*

*Tras la cena, **se quedó** dormido.*

*Juan **se quedó** sin palabras tras los resultados.*

*El móvil **se quedó** sin batería.*

1. La forma de los verbos de cambio.
Sustituye estos verbos por verbos de cambio.

0. Enfermar: .... *ponerse* .... enfermo.
1. Enfurecerse: .... furioso.
2. Enloquecer: .... loco.
3. Enmudecer: .... mudo.
4. Enriquecerse: .... rico.
5. Enrojecer: .... rojo.
6. Entristecerse: .... triste.
7. Helarse: .... helado.
8. Mejorar (la salud): .... bueno.
9. Palidecer: .... pálido.

Aciertos: .... **de 9**

2. Usos de los verbos de cambio (I).
Marca la opción correcta.

0. Desde que va al colegio, el niño **se ha vuelto / se ha puesto** más sociable.
1. Mi padre siempre ha sido de izquierdas y ahora **se ha quedado / se ha vuelto** de derechas.
2. **Se hizo / Se volvió** médico porque un tío suyo era un médico famoso.
3. **Se puso / Se hizo** cura por deseos de su madre, pero después se arrepintió.
4. Pedro **se volvió / se quedó** un vago cuando terminó el bachillerato.
5. Paloma **se ha vuelto / se ha puesto** una caprichosa con los años.
6. Tu hijo lo quiere todo. **Se ha hecho / Se ha vuelto** muy caprichoso.
7. Ese chico **se quedó / se puso** huérfano cuando solo tenía diez años.
8. Mis padres **se quedaron / se volvieron** sin palabras al oír la noticia.
9. **Me puse / Me volví** enfermo hace una semana y tuve que ir al médico.

Aciertos: .... **de 9**

3. Usos de los verbos de cambio (II).
Completa las frases utilizando algún verbo de cambio en la forma adecuada.

0. Antes era mucho más simpático. No sé por qué .... *se ha vuelto* .... tan antipático.
1. Me miró la chica que me gusta, y .... rojo como un tomate.
2. Mi abuelo no oye nada desde hace tiempo. .... totalmente sordo.
3. Me encanta el Real Madrid. .... socio del Club el año pasado.
4. Mi tía ingresó hace tiempo en un convento de clausura. .... monja por vocación.
5. Mi vecina tiró los muebles por la ventana. .... loca.
6. Se enfadó muchísimo conmigo. .... histérica por una tontería.
7. Su marido murió y la pobre .... viuda demasiado joven.

Aciertos: .... **de 7**

4. Usos de los verbos de cambio (III).

Marca la opción correcta.

0. ¡Baja la música, por favor! **Nos quedaremos** / Nos pondremos / Nos haremos sordos.

1. Cuando conocí la noticia de mi embarazo, **me puse / me volví / me hice** contentísima.

2. Después de comer, **me quedo / me hago / me pongo** dormido.

3. Estaba enfermo, se tomó un té con hierbas y **se puso / se volvió / se quedó** bueno.

4. Le entró tal pánico que **se puso / se hizo / se quedó** histérico y tuvieron que calmarlo.

5. Lo más importante para un negocio es que el cliente **se vuelva / se quede / se haga** contento.

6. Los coches van rapidísimo por la autopista. **Se han vuelto / Se han hecho / Se han puesto** locos.

7. Mi hermana era muy buena estudiante, pero **se volvió / se quedó / se puso** una vaga cuando terminó los estudios.

8. Rosa **se puso / se volvió / se quedó** enferma y no pudo venir a la fiesta.

9. Tranquilízate, cariño, no **te pongas / te hagas / te quedes** nervioso, que llegamos a tiempo al concierto.

Aciertos: .... **de 9**

5. Usos de los verbos de cambio (IV): equivalentes a *ser* o a *estar.*

Sustituye los verbos *ser* o *estar* por verbos de cambio sin modificar el sentido de la frase.

0. Se casó con su novia de toda la vida, pero **fue** viudo muy joven.
   Se casó con su novia de toda la vida, pero se quedó viudo muy joven.

1. Antes era un chico muy tímido, pero ahora **es** muy abierto.

2. Mi hermana **está** histérica cuando tiene que ir al dentista.

3. En los 90 todavía éramos jóvenes, pero ya **somos** mayores.

4. Ese chico tuvo un accidente de moto y **está** cojo.

5. **Está** muy pálido porque se ha llevado un susto de muerte.

6. Estuvo en Tenerife de vacaciones y **está** muy moreno.

7. ¡Pobre Rafael! Se arruinó el negocio que montó y ahora **está** sin dinero.

8. La policía le pidió la documentación y **estaba** pálido.

9. El domingo hizo sol toda la mañana, pero a mediodía el cielo **estaba** muy negro y empezó a llover.

Aciertos: .... **de 9**

6. Usa tú los verbos de cambio.

Responde a las siguientes preguntas usando verbos de cambio.

0. ¿Cómo dirías que una persona que era muy simpática contigo ya no lo es?
   Que se ha vuelto muy antipática o se ha vuelto una antipática.

1. ¿Qué decimos de una persona que decide no comer carne?

2. ¿Cómo reacciona la cara de una persona si le dicen de repente por la calle que es muy guapo o guapa?

3. ¿Cómo decimos en español que un cantante antes era desconocido y ahora es famoso?

4. ¿El actor Richard Gere ha sido siempre budista?

5. ¿Y Tom Cruise, cienciólogo?

6. ¿Cómo dirías de una persona que ya no confía en nadie?

7. ¿Cómo reaccionarías si vieras un fantasma?

8. ¿Cómo dices de una persona que ha perdido su puesto de trabajo?

9. ¿Cómo dices de una persona que antes era pobre y ahora no porque le ha tocado la lotería?

10. ¿Y de una persona que es rica por su trabajo?

Aciertos: .... **de 10**

7. Juego del personaje escondido.

Marca la opción adecuada y descubre quién es.

Alejandro Sanz – <u>Cervantes</u> - John McEnroe - Juana la Loca - Michael Jackson - Goya

0. ¿Qué famoso escritor se **se puso / se hizo / se quedó** soldado antes que escritor para buscar aventuras?...... *Cervantes*

1. ¿Qué hija de los Reyes Católicos **se puso / se hizo / se volvió** loca? ......

2. ¿Qué cantante español (y que se llama Alejandro) **vuelve / hace** locas a sus fans? ......

3. ¿Quién es el famoso tenista que **se pone / se hace / se queda** nervioso, casi histérico, cuando pierde un partido? ......

4. ¿Qué famoso cantante era negro y **se quedó / se volvió / se puso** blanco? ......

5. ¿Qué famoso pintor español **se puso / se hizo / se quedó** sordo? ......

Aciertos: .... **de 5**

8. Para entender un artículo sobre la edad de las personas.

Completa este texto con los verbos de cambio e infórmate.

Con la edad, ...*nos volvemos*........... más torpes,
.... enfermos cada dos por tres,
0
.... medio ciegos, los reflejos
1
.... más lentos.
2
.... inflexibles física y psíquica-
3
mente, yo diría que hasta ....
4
intolerantes, ... incrédulos...
5
Yo lo que peor llevo, sinceramente, es lo de
6
.... calvo, mucho peor que
7
.... sordo, que también es terri-
8
ble... Pero también tiene cosas buenas lo de cumplir años.
.... más sensatos y, sobre todo,
9
.... nerviosos solo y exclusiva-
10
mente por las cosas importantes de la vida.

Aciertos: .... **de 10**

Total de aciertos: .... **de 68**

EVALÚATE

| Muy bien | Bien | Regular | Mal |
| ● | ● | ● | ● |

TODO OÍDOS. Escucha el diálogo.

Hombre:	Hay que ver, Rocío, desde que **te has hecho** vegetariana, **te has vuelto** muy antipáti-ca. ¿Tú estás segura de que eso es bueno?
Mujer:	Pues claro que sí. Tú **te estás haciendo** viejo antes de tiempo por no comer verduras ni fruta.
Hombre:	¿Viejo yo?
Mujer:	Bueno, pues **te estás haciendo** mayor, si te parece más bonito... pero no me nega-rás que **te estás quedando** calvo.
Hombre:	Muy bien, yo **me estoy quedando** calvo, pero tú **estás haciendo rico** a los charlata-nes esos de las dietas milagrosas. Y además, todos esos productos son carísimos. Bueno, vamos a cambiar de tema que **me pongo nervioso**.
Mujer:	Cariño... calvo, viejo, y además, **te has vuelto un tacaño.** ¡Qué pena de hombre!

Componentes:
Las oraciones sustantivas I

11

FORMA	USO
Verbo de comunicación, de percepción y de pensamiento + *que* + indicativo. *No* + verbo de comunicación, de percepción y de pensamiento + *que* + subjuntivo.	Para transmitir lo expresado por una persona, para indicar lo que se aprecia por los sentidos y para valorar y reflexionar sobre ideas, creencias u opiniones.

He hablado con Marta y me **ha asegurado que** viene a la fiesta de Juan.

Bien, pues solo nos queda llamar a Andrés. ¿Vendrá? **He notado que** últimamente **está** algo raro.

A lo mejor está enfadado. **Nadie le ha dicho que** venga a la fiesta.

21

FORMA

Verbos de la oración principal	Construcción	Ejemplos
Verbos de comunicación: *decir, contar, afirmar, asegurar, escribir, comunicar, confesar, explicar, manifestar, contestar, jurar, sostener, indicar, responder, comentar, declarar, señalar, leer, mencionar, aclarar, confirmar...* **Verbos de percepción:** *ver, oír, notar, escuchar, observar...*	Verbo de comunicación, de percepción o de pensamiento en forma afirmativa → verbo de la oración subordinada en indicativo.	*Me comunica que asistirá a la cena.* *Veo que no has hecho los deberes.* *Considero que es una mala idea.* *Se imagina que has tenido un accidente porque ya es muy tarde y no le has llamado.* *Ana comprende que estabas enfadada con ella, pero le sorprende que sigas enfadado.*
Verbos de pensamiento o de entendimiento: *creer, pensar, comprender, entender, opinar, darse cuenta (de), considerar, suponer, imaginar, figurarse, observar, comprobar, saber, deducir, recordar, acordarse (de), olvidar, averiguar, descubrir, intuir...*	Verbo de comunicación, de percepción o de pensamiento en forma negativa → verbo de la oración subordinada en subjuntivo.	*No me asegura que venga a la cena.* *No veo que hayas hecho ya los deberes.* *No considero que sea una mala idea.* *No se imagina que hayas tenido un accidente.* *Ana no comprende que estuvieras enfadado por esa tontería.*

USO

A. Se utilizan con indicativo

1. Si el verbo de comunicación, de percepción o de pensamiento tiene forma afirmativa.
*Aseguró que **iba** a venir a la reunión.*
*Isabel **notó** que su madre se **estaba** enfadando.*
*Por nuestra conversación, Pedro **dedujo** que **fuimos** al cine el fin de semana.*

2. Si el verbo de comunicación o de pensamiento está en la forma negativa del imperativo.
***No supongas** que **dice** la verdad.*
***No asegures** que lo **voy** a hacer.*

3. Si es una pregunta directa e indirecta.
*¿**No crees** que **es** tarde para rectificar?*
***No entiendo** qué **tengo** que hacer.*

B. Se utilizan con subjuntivo

Si el verbo de comunicación, de percepción o de pensamiento tiene forma negativa.
***No aseguró** que fuera a venir a la reunión.*
*Isabel **no notó** que su madre se **estuviera** enfadando.*
*Por nuestra conversación, Pedro **no dedujo** que **hubiésemos ido** al cine el fin de semana.*
¡Cuidado! Algunos verbos de comunicación y de pensamiento tienen doble significado:
Comentó que había estado en Praga este verano.
Comentó que fueras a verle enseguida.

C. Los tiempos verbales

1. Si el verbo de comunicación, de percepción o de pensamiento está en presente en forma afirmativa:
- el verbo subordinado va en presente de indicativo para expresar una información actual o habitual.
*En el impreso **indica** que <u>es</u> soltero.*   ***Sé** que <u>sales</u> a pasear todas las noches.*
- el verbo subordinado va en presente de indicativo, futuro o condicional para indicar una información (o acción) futura.
*Me **informan** de que <u>viene</u> en una hora.*   *Me **comunica** que <u>asistirá</u> a la cena.*
*En la carta **responde** que <u>iría</u> gustosamente a la recepción del sábado.*
- el verbo subordinado va en perfecto, indefinido o imperfecto de indicativo para indicar una información pasada.
*Me **asegura** que <u>ha leído</u> la carta.*   *Me **promete** que <u>estuvo</u> en clase el lunes pasado.*
*En la carta **señala** que <u>tenía</u> otro compromiso, por eso no acudió.*

2. Si el verbo de comunicación, de percepción o de pensamiento está en pasado (normalmente en indefinido) en forma afirmativa, el verbo subordinado va en indefinido, imperfecto o pluscuamperfecto de indicativo para indicar una información coetánea o anterior.
*Pedro nos **comentó** que <u>fue</u> al cine el domingo pasado.*
*Cristina **confesó** que <u>tenía</u> mucho tiempo libre.*   *Carmen **aclaró** que no <u>había trabajado</u> nunca.*

3. Si el verbo de comunicación, de percepción o de pensamiento está en presente en forma negativa:
- el verbo subordinado va en presente de subjuntivo para expresar una información actual o habitual, o una información futura.
*En el impreso **no indica** que <u>sea</u> soltero. No sé si lo es o no lo es.*
*En la carta **no dice** que <u>venga</u> a la recepción, solo dice que se da por enterado.*
- el verbo subordinado va en perfecto o en imperfecto de subjuntivo para indicar una información pasada.
***No me asegura** que <u>haya leído</u> la carta.*
***No me promete** que <u>estuviera</u> en clase el lunes pasado.*

4. Si el verbo de comunicación, de percepción o de pensamiento está en pasado en forma negativa, el verbo subordinado puede ir en imperfecto o en pluscuamperfecto de subjuntivo para indicar una información coetánea o anterior.
*Pablo **no nos comentó** que <u>fuera</u> al cine el domingo pasado. No dijo cuándo.*
*Carmen **no aclaraba** que no <u>hubiera trabajado</u> nunca.*

Ejercicios

1. Frases incompletas.

Relaciona las frases siguientes.

0. Como se ha enfadado con sus compañeros de piso, Paco mencionó que	a. el anfitrión no cenara con ellos.
1. El albañil no nos explicó que	b. hubiera estado en el lugar del delito.
2. La mujer todavía no había hecho la cena porque no intuyó que	c. le faltaba un collar del joyero.
3. El estudiante pensaba que	d. tenía problemas en el colegio por la actitud de su profesora.
4. La pobre condesa vio que	e. el alumno no hubiera dormido mucho la noche anterior, porque hizo un examen muy bueno.
5. El interrogado no confesó que	f. estaba buscando piso en este barrio.
6. El niño comentó a su madre que	g. es inocente.
7. Los invitados no se podían imaginar que	h. que el coche estaba mal estacionado.
8. El profesor no notó que	i. su marido regresara tan pronto a casa.
9. El policía de tráfico consideró	j. había aprobado el examen.
10. El condenado sostiene que	k. tuviera que tirar la pared. No sé por qué lo ha hecho.

Aciertos: .... **de 10**

2. Oraciones con verbos de comunicación, percepción o pensamiento en pasado.

Completa las frases con un verbo del recuadro en la forma adecuada.

haber	venir	arreglar	querer	llover	tener
crecer	responder	llegar		ser	aparcar

0. Mi hermano leyó en el periódico que el ministro de Asuntos Exteriores finalmente ......*respondió*...... a las acusaciones de la oposición.

1. Me ha llamado el fontanero y me ha asegurado que ayer .... el grifo. No va a volver.

2. No se dio cuenta de que Carmen la semana pasada no .... a trabajar. Se lo he dicho yo.

3. No he visto que .... mi coche en un sitio prohibido.

4. El encargado le explicó a mi madre que .... problemas con los pedidos. Todavía no habían llegado.

5. La policía comprobó que el sospechoso .... una coartada. Por lo tanto, no era culpable.

6. El padre no entendió que su hijo .... dejar de estudiar.

7. Como Juan no llamó, la madre supuso que todavía no .... al aeropuerto.

8. No sabía que .... en el norte del país. Aquí, en Málaga el tiempo ha sido buenísimo.

9. El periodista consideró que la noticia .... importante, por eso la publicó.

10. He observado que tu hija .... bastante estos últimos meses.

Aciertos: .... **de 10**

3. **Oraciones con verbos de comunicación, percepción o pensamiento en presente o en pasado.**

Ordena las frases y pon el verbo en la forma adecuada.

0. El dentista no ha visto que *tuvieras la muela rota* ....

   la / rota / tener / muela

1. El ministro aclaró que ....

   del / económico / presidente / estar hablando / con / problema / el

2. El abogado aseguró que ....

   insolvente / su / ser / cliente

3. Supongo que ....

   mucho / este / para / estudiar / examen

4. El vendedor no notó que el ....

   no / le / pagar / cliente

5. Después del enfado, Paco no imagina que ....

   de / tener / verlo / ganas

6. El fontanero no comprobó que ....

   en / las / estado / estar / perfecto / tuberías

7. Mercedes no comprendió que ....

   tanto / nosotros / sueño / la semana pasada / tener

8. Pilar no consideró que ....

   necesaria / tu / ser / presencia

9. No se lo dije, simplemente intuyó que ....

   su / compartir / no / opinión

Aciertos: .... **de 9**

4. **Oraciones con verbos de comunicación, percepción o pensamiento negados. Verbo principal negado, ¿indicativo o subjuntivo?**

Completa con el verbo en la forma adecuada.

0. No olvidó que ....*tuviera*....... que recoger la ropa de la tintorería. Simplemente no tuvo tiempo.

   (tener - él)

1. Perdona, Luis, no sabía que .... una copia del pasaporte. **(necesitar)**

2. No mencione usted que .... el documento sin leérselo completo. **(firmar - usted)**

3. No cuentes por ahí que .... a George Clooney. Nadie se lo va a creer. **(ver - yo)**

4. ¿Olga no escuchó que .... para Siemens?, pero si todo el mundo lo sabe. **(trabajar - tú)**

5. Pedro no supuso que .... el regalo, por eso no llamó. **(comprar - nosotros)**

6. Aclara que, la semana pasada, ... la reserva por Internet. Tal vez ayude a resolver las cosas. **(hacer - tú)**

7. No veo que .... tu habitación esta mañana. **(limpiar - tú)**

Aciertos: .... **de 7**

5. ¿Indicativo o subjuntivo?
Marca la opción correcta.

- ¿Dónde está Pablo?
- Supongo que **ha ido / haya ido** al médico. Ayer mencionó que **tenía / tuviera** que salir 20 minutos antes.

  ₀   ₁
- No recuerdo que me **dijo / dijera** que se iba pronto.

  ₂
- Pues a mí me ha comentado que ya lo **sabías / supieras**.

  ₃
- Imposible. Ayer le mencioné que **quería / quisiera** reunirme con él a las 5:00. Y me lo confirmó.

  ₄
- Pues no sé. Se figuró que te lo **había dicho / hubiese dicho**. Llámale al móvil.

  ₅
- Bueno, son las 4:00. Igual vuelve para la reunión.
- No creo que **llega / llegue** a tiempo, la verdad. Ya sabes cómo son las consultas. Esperas y esperas…

  ₆
- Veo que no **estás / estés** dispuesta a ayudarme.

  ₇
- No te entiendo. Te enfadas conmigo y yo no he hecho absolutamente nada. No pienses que no **quiero / quiera** ayudarte, simplemente es que tengo mucho trabajo.

  ₈
- El problema es que esa reunión es importante. Desde hace días he observado que Pablo siempre **desaparece / desaparezca** cuando más lo necesito.

  ₉
- Pues yo no considero que Pablo **es / sea** tan necesario para todo. ¿No? Esto funciona y él nunca está.

  ₁₀

Aciertos: .... **de 10**

6. Hay verbos que pueden ser de comunicación, y van con indicativo, o de influencia, y van con subjuntivo.
Observa las frases y completa con los verbos en la forma adecuada.

0. a. Sé que estabas triste, por eso entendí que te ......*fueras*........... unos días fuera. **(ir - tú)**

   b. ¿Qué haces aquí? ¿No estabas en casa de tus padres? Ayer cuando hablamos, comprendí que ....*querías*........ estar con tu familia. **(querer - tú)**

1. a. Mamá dejó instrucciones muy claras: en la nota escribió que .... a la abuela de la residencia. **(recoger - tú)**

   b. En la nota mamá escribió que ella .... a la abuela de la residencia. **(recoger)**

2. a. En la reunión comuniqué a Pedro que .... a Londres a solucionar el problema de la empresa. **(irse)**

   b. Le comuniqué al jefe que muchos empleados .... de vacaciones, por eso no podía enviar a Pedro a Londres. **(estar)**

3. a. Cuando le pregunté si quería ir al cine, contestó que ya .... tarde. Nos quedamos en casa. **(ser)**

   b. Cuando le pregunté si quería ir al cine, contestó que .... yo sola, que él estaba cansado y enfadado. **(ir)**

4. a. El profesor ha decidido que os .... el examen el próximo miércoles. **(hacer - él)**

   b. El profesor ha decidido que .... el trabajo el próximo miércoles. **(entregar - vosotros)**

Aciertos: .... **de 8**

7. **Para entender una entrevista a Antonio Banderas.**

Completa las frases con el verbo en la forma adecuada e infórmate.

> Periodista: Cuando está en el extranjero, ¿se acuerda de tu tierra?
>
> Antonio: Constantemente. Creo que un hombre que pierde sus raíces no ......*es*...... **(ser)** nada.
>
> Periodista: Estoy deseando ver su última película. Hábleme de los actores.
>
> Antonio: Los espectadores observarán que los actores .... **(ser)** jóvenes y buenos. Creo que 2 .... **(trabajar)** muy bien y que ya .... **(ser)** una representación importante de lo que será el futuro del cine español.
>
> Periodista: ¿Cree que el cine español .... **(tener)** que abrirse a influencias estadounidenses?
>
> Antonio: No pienso que el cine español .... **(necesitar)** encontrar su personalidad. Ni considero que la .... **(buscar)**, la verdad. ¿No cree que ya la .... **(tener)**?
>
> Periodista: ¿Qué expectativas tiene de la película? ¿Qué aceptación espera?
>
> Antonio: No olvide que las expectativas .... **(ser)** la madre de todas las frustraciones. Os aseguro que no .... **(esperar)** resultados específicos. Confieso que solo .... **(desear)** de mi película que me dé la oportunidad de seguir desarrollando mi lenguaje.
>
> Periodista: ¿Qué temores le surgen como director y cómo los afronta?
>
> Antonio: No comprendo que un director .... **(tener)** miedo; bueno sí, el miedo a tener miedo.
>
> Periodista: Con lo activo que es usted, me extraña que no esté trabajando ya en algo nuevo.
>
> Antonio: Bueno, no piense que .... **(huir - yo)** de la respuesta, pero ya sabe cómo somos los actores: de los futuros proyectos no nos gusta hablar.
>
> Periodista: ¿Cuál es su película favorita de todas en las que ha participado y por qué?
>
> Antonio: Las cinco con Almodóvar. Supongo que me .... **(enseñar - ellas)** que es doloroso romper las reglas, pero, al final, hay premio.

Aciertos: .... **de 13**

Total de aciertos: .... **de 67**

EVALÚATE

| Muy bien | Bien | Regular | Mal |

TODO OÍDOS. Escucha el diálogo.

22

- Ha habido complicaciones en el juicio del Sr. González. Él **aseguró** que **había estado** en casa de la Sra. López, y la Sra. López **ha contestado** al juez que lo **conoció** hace tan solo unas semanas.
- Pero si el Sr. González **juró** que la **conocía** desde hace muchos años.
- El Sr. González **no imaginó** que ella **fuera** a decir lo contrario. **Se figuró** que **iba** a apoyarlo. Al menos, **no dijo** que no **hubiera estado** con él el día del asesinato.
- ¿Qué hacemos ahora? **No veo** que esto **tenga** fácil solución.
- Algo se podrá hacer. **He notado** que la Sra. López **estaba** muy nerviosa. Oculta algo. **Mencionó** que **se conocieron** por una amiga común. Podemos buscarla, pero **no creo** que **sepa** nada del tema.
- Vamos, no perdamos tiempo.
- **No olvides** que **es** una amiga común. Igual tampoco habla, si sabe algo.

Las oraciones sustantivas II

12

FORMA	USO
Verbo de sentimiento o de influencia con infinitivo o con *que* + subjuntivo.	Para expresar sentimientos o sensaciones de alegría, miedo, tristeza o extrañeza ante lo que hacemos o hacen los demás; para pedir que alguien o algo actúe o intervenga.

> Últimamente no me **apetece salir**, ni **leer**, ni **ver** a mi familia. Cuando pongo la televisión, **me entristece que** las noticias **sean** tan horribles. ¿Estaré deprimida?

> María, ya **te aconsejé** que **te tomaras** unos días libres. Simplemente estás cansada.

23

FORMA

Verbos de la oración principal	Construcción	Ejemplos
Verbos de sentimiento: *aburrir, divertir, alegrar, doler, lamentar, molestar, apetecer, entristecer, preferir, dar igual, dar pena, gustar, sentir, sorprender, disgustar, temer...*	Con infinitivo	**Me alegra** *ser tan feliz.* **Me entristece** *verte tan solo.* **Necesito** *tomarme unas vacaciones.* **Me pidió** *escribirle una carta.* *Los expertos* **recomiendan** *comprar acciones en Bolsa.* *El alcalde* **no permite** *edificar en este terreno.*
Verbos de influencia: **Petición:** *pedir, dejar, rogar, suplicar...* **Voluntad:** *necesitar, querer, conseguir, intentar, pretender, invitar a...* **Consejo:** *aconsejar, sugerir, recomendar...* **Prohibición u obligación:** *prohibir, (no) permitir, ordenar, obligar...*	Con *que* + subjuntivo	**Me alegra que** *seáis tan felices.* **Me entristece que** *estés tan solo.* **Necesito que** *me des unas vacaciones.* **Me pidió que** *le escribieras una carta.* *Los expertos* **recomiendan que** *compremos acciones en Bolsa.* *El alcalde* **no permite que** *la constructora edifique en este terreno.*

(Ver tema 19 del nivel B1)

USO

1. Con infinitivo o con subjuntivo

1. Muchos de estos verbos funcionan como el verbo *gustar*: el sujeto lógico está expresado por un objeto indirecto.
*Me **apetece** que vengas a verme.*

2. Se utiliza con subjuntivo con verbos de influencia y de sentimiento cuando el sujeto de la oración principal y el de la oración subordinada son diferentes.
*Me **apetece** que tú vengas a la fiesta.*
Lamento que trabajes este fin de semana.

3. a. Se utiliza con infinitivo con verbos de sentimiento cuando el sujeto de la oración principal y el de la oración subordinada coinciden.
*Me **apetece** ir a la fiesta.*
Lamento trabajar este fin de semana.

b. Con verbos de influencia (de consejo, de petición, de prohibición u obligación -no de voluntad-), cuando no especificamos el sujeto de la oración subordinada sino que se habla en general.
*Recomiendo estudiar chino. (No especifico a quién). **Recomiendo que** estudies chino. (Te lo recomiendo a ti).*
***No permito** comer en las clases. (No especifico a quién: puede ser «todas las personas que están en clase, no solo estudiantes»). **No permito que** los estudiantes coman en clase. (Es una orden a los estudiantes).*
*El profesor **ordena** dejar recogida la clase al salir. (En general). El profesor **ordena** a los alumnos **que** dejen recogida la clase al salir.*

4. Se puede utilizar indistintamente con infinitivo o con subjuntivo con los verbos que expresan influencia cuando el sujeto de la oración subordinada queda expreso en la oración principal mediante un pronombre.
*Te aconsejó que **fueras** al médico.*   *Te aconsejó **ir** al médico.*
*Le exigió que **trabajara** más.*   *Le exigió **trabajar** más.*

2. Los tiempos verbales

1. Si el verbo de sentimiento o de influencia está en presente, el verbo subordinado va en presente de subjuntivo para reaccionar ante una información actual o habitual.
*Me **alegra** que seas feliz (ahora).*
*El policía **permite que** pasemos por esta calle.*

2. Si el verbo de sentimiento está en presente, el verbo subordinado va en perfecto de subjuntivo para reaccionar ante un hecho reciente.
*Me **alegra** que hayas hecho ya los ejercicios.*

3. Si el verbo de sentimiento está en presente, el verbo subordinado va en imperfecto de subjuntivo para reaccionar ante un hecho pasado.
*Me **alegra** (ahora) que llegaras ayer y no hoy.*

4. Si el verbo de sentimiento o de influencia está en imperfecto, describe el pasado, el verbo subordinado va en imperfecto de subjuntivo para reaccionar a una costumbre.
*Me **molestaba** que llegaran tarde (siempre).*
*Andrés **necesitaba** que fuera con él a todas partes.*

5. Si el verbo de sentimiento o de influencia está en indefinido, indica una reacción pasada, el verbo subordinado va en imperfecto de subjuntivo.
*Ayer me **molestó** que llegara tarde (ayer).*
*Su hermano le **prohibió** que tocara su ordenador.*

1. ¿Con infinitivo o con presente de subjuntivo? (I)
Completa las frases con los verbos en la forma correcta.

0. Le da pena que su novio ....*tenga*........ que volver a Alemania. **(tener)**

1. Siento que no .... venir a la fiesta, lo pasarías muy bien. **(poder - tú)**

2. Te aconsejo .... otro trabajo. En este no ganas lo suficiente. **(buscar - tú)**

3. Siempre consigue que la gente........................ las cosas como él quiere. **(hacer)**

4. Prefieren que nosotros .... primero de la sala. **(salir)**

5. Recomiendan .... ropa de abrigo. **(ponerse)**

6. Han prohibido .... perros por este parque. **(pasear)**

7. No permiten .... en este restaurante. **(fumar)**

8. Te exijo que .... aquí ahora mismo. **(venir - tú)**

9. Déjale .... 10 minutos antes de clase, que tenemos una cita con el dentista. **(salir - él)**

10. Siempre se sorprende de que .... tanta policía en esta calle. **(haber)**

Aciertos: .... **de 10**

2. ¿Con infinitivo o con presente de subjuntivo? (II)
Completa las frases con un verbo del recuadro en la forma correcta.

ayudar	prestar	doler	trabajar	tener	callar
recibir	ser	comprar	llover	saber	haber

0. A los empleados de esta empresa les exigen ......*trabajar*........... mucho.

1. A principio de curso recomiendo a los estudiantes que se .... un buen diccionario de español.

2. Me molesta mucho que no .... tiempo nunca para ver a tus hijos. Siempre estás trabajando.

3. Se teme que .... el fin de semana. Ha organizado una excursión por el campo.

4. Te ruego que .... más simpático con la nueva compañera. Durante unos meses necesita que le .... un poquito de atención.

5. Necesito que me .... a colgar el cuadro. Sola no puedo.

6. Siempre os sorprende que .... cantar tan bien.

7. Le alegra mucho .... tus vistas. Dice que se anima mucho cuando vas a verlo y le cuentas tus cosas.

8. ¿Te da igual que me .... la cabeza? No paras de hablar.

9. Todos los días el profesor nos ruega varias veces que nos .... ¡Qué vergüenza!

10. Me preocupa que no .... suficiente dinero en mi cartera para pagar la cuenta.

Aciertos: .... **de 11**

3. Con pretérito imperfecto de subjuntivo.
Relaciona.

0. Me alegra que
1. A mi abuelo le gustaba que
2. Al jefe le molesta que
3. Me sorprendió mucho que
4. Este trabajo exigía
5. Este fontanero pretendía
6. Me aconsejó que
7. En la oficina de turismo nos recomendaron que

a. visitáramos la sinagoga.
b. que estuviera muy concentrado.
c. no llamara a Rafael ayer. Estaba de mal humor.
d. que le pagáramos 50 euros por no hacer nada.
e. sus nietos fueran a verle.
f. Juan no llamara a Pedro el día de la operación.
g. aprobaras el examen.
h. su secretaria llegue tarde todos los días.

Aciertos: .... **de 7**

4. ¿Con infinitivo o con imperfecto de subjuntivo?
Completa las frases con el verbo en la forma adecuada.

0. El coronel ordenó a los soldados que .... *formaran* .... filas. **(formar)**
1. Le recomendó que .... en tren a Alicante, pues era más cómodo. **(viajar - ellos)**
2. Ayer habló Cristina con Lucía y le pidió que .... este sábado. **(trabajar)**
3. Juan le rogó a María que le .... a esa fiesta. **(acompañar)**
4. Cuando le cambió de colegio, temía que su hijo no se .... **(adaptar)**
5. El vendedor le sugirió que se lo .... bien antes de comprar el ordenador. **(pensar)**
6. Estuvo horas hablando con él. Intentó ...., pero fue inútil. **(convencer, a él)**
7. Le divertía mucho que sus hermanos .... constantemente. **(discutir)**
8. Prefirió que .... yo con el arquitecto. Ella no sabía cómo explicárselo. **(hablar)**

Aciertos: .... **de 8**

5. La forma de la oración sustantiva.
Marca si la frase necesita *que* y escribe la forma correcta del verbo.

0. Me duele **que / Ø** .... *verte* .... tan triste. **(ver - yo, a ti)**
1. Es un caradura. Exige **que / Ø** sus compañeros .... y él no hace nada. **(trabajar)**
2. Con esa actitud solo conseguirás **que / Ø** .... **(enfadarse - él)**
3. El profesor nos ha sugerido **que / Ø** .... esos dos libros. **(leer - nosotros)**
4. ¿No le importa **que / Ø** le .... lo que pienso? **(decir - yo)**
5. Los domingos me encanta **que / Ø** .... tranquilamente en casa, mientras leo el periódico. **(desayunar - yo)**
6. Siento **que / Ø** .... que ir a la policía, pero tienes que denunciar el robo. **(tener - tú)**
7. ¿A ti no te sorprende **que / Ø** Isabel .... tan simpática? **(estar)**
8. Mi padre siempre sugirió **que / Ø** .... una carrera universitaria. **(estudiar - nosotros)**

Aciertos: .... **de 8**

6. Construye frases en pasado.

Ordena las palabras, completa con *que* si es necesario y pon los verbos en la forma adecuada para construir frases en pasado.

0. café. / El médico / no / al / tomar / enfermo / permitir

   El médico no permitió al enfermo que tomara café o el médico no permitió al enfermo tomar café.

1. al / más / sugerir / El / juez / presentar / abogado / pruebas.

   ....

2. la / pedir / le / decir / El abogado / al / verdad. / acusado

   ....

3. sorprender / con / El publicista / sus / anuncio / intentar / a / impactante./ clientes / un

   ....

4. profesor / nota. / El alumno / le / subir / suplicar / la / al

   ....

5. no / la / Jaime / indemnizar. / conseguir / aseguradora / le

   ....

6. le / trabajar / todo / mujer / mucho / fin / A / de / el / tu / molestar / semana.

   ....

7. en / mejor / aconsejar / Tu / avión./ ir / amigo / te

   ....

Aciertos: .... **de 7**

7. Tiempos verbales del subjuntivo.

Marca la opción correcta.

0. Te ruego que me **dejes** / dejaras / hayas dejado tranquilo un ratito.

1. ¿De verdad os recomendaron que **vierais** / **hayáis visto** / **hubierais visto** esa película?

2. No vuelvo a salir con vosotros. Me aburre que siempre **habléis** / **hablarais** / **hayáis hablado** de los mismos temas.

3. Hola, ¿cómo estás? ¿Te alegras de que hoy **venga** / **haya venido** / **viniera** a verte a tu casa?

4. Antes me molestaba que la gente **hable** / **hablara** / **hubiera hablado** tan alto en el autobús. Ahora me da igual.

5. Me han recomendado que **veamos** / **hayamos visto** / **hubiéramos visto** la exposición de Picasso.

6. ¿Os apetece que **vayamos** / **fuéramos** / **hayamos ido** al teatro este fin de semana?

7. Necesitaba que me **digáis** / **dijerais** / **hubierais dicho** si el informe era correcto o no, no que me lo corrigierais.

8. Le aconsejo que no **pase** / **haya pasado** / **pasara** por aquí. Es peligroso.

9. En Londres me divertía ver que la gente **haya cantado** / **cantara** / **hubiera cantado** por la calle.

Aciertos: .... **de 9**

8. Para entender bien un foro sobre la publicidad.

Complétalo, aquí tienes las palabras que faltan.

me da igual que	Me da pena	Me hace gracia que
consiguen que	Intento	necesitáis que
ruego a todas que	me sorprende que	prefiero que
Me divierte que	nos ha pedido que	

Autor	Mensaje	> Ver tema anterior I > Ver tema siguiente
por Arancha	Los anuncios con niños no me gustan. ....*Me da pena*........ ver un niño tan pequeño con el cuerpo lleno de anuncios. Además, ... haya niños tan pequeños en anuncios.	
por Fátima	A mí me gusta. El niño tiene cara de felicidad. .... utilicen niños, siempre es más alegre.	
por Pedro	Os han engañado. .... os lo toméis así, porque es un muñeco.	
por Fátima	Os recuerdo que la agencia .... demos nuestra opinión del anuncio. Y estamos discutiendo si es un niño o un muñeco.	
por Arancha	Bueno, ... sea un niño o un muñeco. El caso es que es impactante.	
por Pedro	Vosotras .... os vea un oculista, chicas.	
por Arancha	El otro anuncio, el del autobús… ese sí que es bueno. Está muy bien hecho.	
por Carmen	Pues yo creo que con este tipo de anuncios solo .... nos distraigamos. .... los autobuses sean normalitos. Sin dibujos.	
por Pedro	Yo .... que estéis atentas al volante. Menos mal que no es George Clooney el que anuncian…	
por Fátima	¡Cuántas tonterías! .... concentrarme, pero no lo consigo porque no paráis de escribir y decir tonterías. Por cierto, ¿qué anuncia?	

Aciertos: .... **de 10**

Total de aciertos: .... **de 70**

EVALÚATE

Muy bien   Bien   Regular   Mal

TODO OÍDOS. Escucha el diálogo.

24

- Papá, los padres de Adriana **me han invitado a pasar** el fin de semana en Oviedo.
- Lo siento. Estás castigado, ¿recuerdas? Ya sabes **que me molestó mucho que me mintieras.**
- No fue una mentira. Simplemente no te dije toda la verdad. Por favor, papá. **Me apetece mucho ir.**
- Y a mí **me apetece que seas** sincero.
- La semana pasada **permitiste que fuera** al cine con vosotros; y también estaba castigado.
- ¿**Pretendes** que **te levante** el castigo? **Déjame** que te **diga** una cosa: «no». **Me da pena no dejarte ir**, pero también me **sorprende** que **insistas** tanto. Si **te permito ir,** no tomarás en serio los castigos.

Componentes:

Las oraciones sustantivas III

13

FORMA	USO
Verbos de existencia con infinitivo o con *que* + subjuntivo. Verbos de sucesos con *que* + indicativo. *No* + verbo de acontecimiento o estado de las cosas con *que* + subjuntivo.	Para constatar y valorar, introducir y presentar sucesos, acontecimientos, y para expresar la existencia, la conveniencia o la necesidad y el estado de las cosas.

La próxima semana es la reunión con el representante de Perú. **Conviene que** tengas todos los datos actualizados antes del fin de semana.

Tenemos un pequeño problema: **resulta que** cometimos un error en el catálogo y **no aparece que** haya que reservar el producto con dos semanas de antelación.

Pues tendremos que enviar un memorando en el que **conste que** informaremos a los clientes por teléfono.

Pues entonces ya está todo. Solo **falta** fotocopiar los documentos. Daremos uno a cada asistente.

25

FORMA

Verbos de la oración principal	Construcción	
Verbos de existencia, de necesidad o de conveniencia: *bastar, convenir, faltar, quedar...*	Con *que* + subjuntivo	Para trabajar en este puesto, **basta que** sepas japonés. El resto de la formación te la ofrece la empresa. **Conviene que** hables con el jefe. Está bastante enfadado. **Falta que** entregues la foto y te darán el visado. **Queda que** llames a Pedro para informarle de la reunión.
	Con infinitivo	**Basta** incorporar una cláusula a este nuevo contrato y ya podemos firmarlo. **Conviene** presentar el informe mañana, aunque el plazo no haya finalizado. **Falta** comprar el pan y ya nos vamos a casa. **Queda** limpiar el salón.
Los verbos de suceso: *resultar, ocurrir, suceder...*	Con *que* + indicativo	**Resulta que** ahora no tengo hambre. **Ocurre que** no estás aquí con nosotros. Y eso nos entristece. **Sucede que** estoy cansada de tanto trabajar.

	Con *que* + indicativo	En el informe **aparece que** trabajaste para la policía. En tu pasaporte **figura que** estuviste estudiando en Finlandia. En este escrito **consta que** debes presentar una fotocopia del pasaporte. De tu conversación **se desprende que** te querías ir a Roma de vacaciones.
Verbos de estado de las cosas: *aparecer, figurar, constar, desprenderse.*	*No* + verbo de estado negado + *que* + subjuntivo	**No aparece** en ningún lado **que** tengas que presentar los papeles personalmente. En este listado **no figura que** Carmen haya llegado tarde. Aquí **no consta que** el curso empiece el martes. De este texto **no se desprende que** Pedro sea argentino.
Los verbos de estado: *resultar y quedar* + *adjetivo.*	Con *que* + indicativo	**Resulta obvio que** ya es tarde para rectificar. Con la nota que has sacado **queda claro que** has estudiado.
	No + verbo de estado + *que* + subjuntivo	**No resulta obvio que** sea tarde para rectificar. Todavía puedo hablar con él. Con la nota que has sacado **no queda evidente que** hayas estudiado. Tan solo es un aprobado.
	Resultar + adjetivo + infinitivo	**Resulta triste** verte así.

USO

A. Se utiliza el indicativo

1. Si el verbo de suceso o de estado tiene forma afirmativa.
*Sucede que **está** contenta porque se va de vacaciones mañana.*
*Me consta que **estudiaste** mucho para aprobar las oposiciones.*
*Queda claro que no **conseguirá** nada con esa actitud.*

B. Se utiliza el subjuntivo

1. Con los verbos de existencia (de necesidad o conveniencia) con forma afirmativa y negativa.
***Basta que** tengas ilusión y todo saldrá bien.*
***No basta que** tengas ilusión, necesitas también fuerzas y apoyo.*

2. Si el verbo de estado tiene forma negativa.
*Aquí **no figura que** vivas en Madrid.*

3. Con el verbo de estado *resultar* + adjetivo.
***Resulta difícil que** salga antes de las 9. Tengo muchísimo trabajo.*

C. Se utiliza el infinitivo

1. Con los verbos de existencia (de necesidad o de conveniencia) y con el verbo de estado *resultar* cuando no especificamos el sujeto.
***Falta meter** la bolsa de aseo en la maleta y ya se puede cerrar.*
***Resulta** agobiante hablar contigo.*

1. Frases incompletas.
Relaciona.

0. Aquí no aparece que
1. Resulta difícil
2. Por lo que dices queda claro que
3. Conviene que
4. Para aprender, no basta que
5. Solo falta que
6. Basta

a. te expliquen la gramática. También debes estudiarla.
b. comer menos y no engordarás.
c. termines la traducción pronto. La necesitan ya.
d. pongas la mesa y podemos empezar a comer.
e. no te has enterado de nada de lo que hemos hablado.
f. te presentaras al examen.
g. hablar contigo. Siempre estás ocupado.

Aciertos: .... **de 6**

2. Verbos de existencia y de estado.
Completa con la forma correcta del indicativo o del subjuntivo.

0. Todavía queda que ....*informes*....... a la policía del robo. (**informar - tú**)
1. La reserva ya está hecha. Basta que .... tu llegada al hotel. (**confirmar - tú**)
2. En ninguna parte consta que esa frase .... subjuntivo. (**llevar**)
3. De la conversación se desprende que .... problemas en tu departamento. (**haber**)
4. Conviene que .... el trabajo esta semana. Hazlo ya. (**entregar - tú**)
5. Queda que .... el contrato. El trabajo es suyo. (**firmar - usted**)
6. En ningún diccionario aparece que .... esa palabra. Te la has inventado. (**existir**)
7. En el folleto no aparece que este móvil .... Internet. (**tener**)
8. Falta que .... la cocina y ya podemos entrar a vivir aquí. (**limpiar - yo**)

Aciertos: .... **de 8**

3. Verbos de sucesos y de estado: ¿indicativo o subjuntivo?
Elige la respuesta correcta.

0. En este documental no aparece que **hay / haya** problemas en la Antártida.
1. Ocurrió que **estuviste / estuvieras** en Marbella y no me **llamaste / llamaras.**
2. No apareció en el periódico que el ladrón **fue / fuera** extranjero.
3. Sucede que no **tengo / tenga** ganas de trabajar hoy. Estoy agotada.
4. Aquí figura que te **matriculaste / matricularas**, pero que no te **presentaste / presentaras** al examen.
5. No sé bien qué pasó, pero resulta que no **consiguió / consiguiera** el trabajo y se mudó al campo.
6. Me consta que **solicitaste / solicitaras** la plaza en el extranjero. ¿Por qué no dijiste nada?
7. ¿Tengo que ir o no? De tus palabras no se desprende que **es / sea** obligatorio.
8. Resulta que Pedro **es / sea** el nuevo vicepresidente de la empresa.
9. Ocurre que los conductores del metro **están /estén** de huelga y no puedo llegar a tu casa.

Aciertos: .... **de 11**

4. ¿Indicativo, subjuntivo o infinitivo? (I)
Completa las frases. Utiliza los verbos del recuadro en la forma correcta.

entregar	comenzar	intentar	comprar	querer
casarse	tener	gritar	practicar	estar	hacer

0. Resulta que ....*se casó*........ con un chico rico; por eso ya no trabaja.

1. Falta .... la revisión del coche. Después podremos irnos de viaje.

2. En la factura figura que usted .... aquí su ordenador.

3. Conviene .... la natación para el dolor de espalda.

4. En la ficha no consta que tu hermano .... matriculado en este curso.

5. Queda que .... la documentación en el banco y obtendrá la tarjeta.

6. Ocurre que .... tanto ayer, que ahora no tiene voz.

7. De su biografía se desprende que .... que trabajar mucho para pagarse la carrera.

8. Sucede que .... las vacaciones en julio y no se las conceden. Por eso está enfadada.

9. De la conferencia de prensa se desprende que las obras .... el próximo invierno.

10. Basta que tú .... hacerlo bien, y seguro que sale bien. Lo demás no importa.

Aciertos: .... de 10

5. ¿Indicativo, subjuntivo o infinitivo? (II)
Ordena las frases y pon los verbos en la forma correcta.

0. como / reconfortante / amigos / Resultar / tú. / tener
   Resulta reconfortante tener amigos como tú.

1. llevarse / viaje. / mucha / en / convenir / No / ropa / este
   ....

2. tener / Quedar / coche / claro / nuevo. / que / él
   ....

3. a / mes / excursión / En / María / del / constar / listado / ir / que / el / pasado. / no / la
   ....

4. certificado / te / que / 1996. / en / no / licenciar / el / En / aparecer
   ....

5. trabajo. / saber / idiomas / para / bastar / buen / tener / No / un
   ....

6. difícil / médico / Resultar / te / que / hoy. / atender / el
   ....

7. recoger (tú) / de / antes / Quedar / tu / salir. / dormitorio / que
   ....

Aciertos: .... de 7

6. Una carta de reclamación.

Completa con los verbos en la forma correcta.

llamar	importar	mencionar	haber (2)	olvidarse
ser	desear	pagar	tener	informarle

Sr. D. José López Casero
c/ Antorcha 5 - 28020 Madrid

Hotel Las Cumbres

A la atención del Sr. Director

C/ Teruel s/n - 03013 Alicante

Madrid, a 13 de agosto de 2007

Muy señor mío:

Seguro que me recuerda muy bien. Soy el padre de esa magnífica familia que pasó parte de sus vacaciones en su hotel y que no paró de quejarse.

Pasado el mes, me dispongo a relatarle mis múltiples quejas, ya que **conviene que** estas cosas no
....._se olviden_...... . Al menos nosotros no lo hemos hecho.
0

La primera es que en su hotel no se puede pagar con tarjeta de crédito. **Resulta complicado** ....
1
tantas noches de hotel en efectivo. Además **ocurre que les** .... varios días antes de formalizar la
2
reserva para informarme bien y ustedes me enviaron un documento en el que **no figuraba que** ....
3
necesario pagar en efectivo.

Asimismo, en dicho documento **constaba que no** .... horarios para las comidas. Tan solo había
4
que solicitarla. Solo un día, uno, lo vimos abierto.

Pero estas no son las únicas quejas. Cuando empezamos a organizar las vacaciones –un año antes– consultamos su página electrónica, donde **aparece que las habitaciones** .... vistas al mar. Y así debió de ser
5
cuando construyeron el hotel, porque ahora **resulta que** .... un edificio inmenso pegado a las venta-
6
nas. ¿Por qué no dijeron nada cuando pedí las habitaciones mirando al mar?

Falta .... que, tratándose de un hotel tan caro como el suyo, es intolerable el trato recibido por
7
ustedes. El recepcionista del turno de noche fue muy grosero con nosotros. A cada pregunta que le formulábamos, respondía de muy mala gana. De su actitud **se desprendía que le** .... muy poco nuestro bienestar.
8
Me **queda** .... de que he denunciado a la OCU (Organización de Consumidores y Usuarios) todo
9
lo ocurrido: desde la información del documento, la de la página electrónica, de absolutamente todo.

Basta .... con toda tu alma que lleguen las vacaciones, para que todo salga mal.
10
No espero recibir contestación a esta carta, pero ya tienen todos mis datos por si cambia de opinión.

Sin otro particular, le saluda atentamente,

Fdo. José López Casero

Aciertos: .... **de 10**

7. **Para entender unas conversaciones cotidianas.**

Lee los diálogos y marca la opción correcta.

0. ■ Voy a tener que presentarme a la prueba de nivel.

● ¿Por qué dices eso? En el folleto no consta que **tienes / tengas** que hacer una prueba de nivel. Si presentas el diploma de la Universidad Complutense, ya sabrán qué nivel tienes, ¿no?

1. ■ Llevo investigando al Sr. Cachivache López desde hace un mes, y me han asegurado que fue aquí donde estudió.

● Ya le he dicho que no. Revise usted mismo los papeles y verá que no figura que **ha estudiado / haya estudiado** aquí.

2. ■ Después de esta reunión queda claro que **tenemos / tengamos** que quedarnos a trabajar este fin de semana.

● ¿Tú crees? De la reunión con el jefe no se desprende que **tenemos / tengamos** que trabajar este fin de semana. Yo he entendido que si no terminábamos el viernes, deberíamos seguir el sábado, pero solo si no hemos terminado.

3. ■ Aquí no figura que nos **presentamos / presentemos** al examen final.

● ¿Eso significa que hemos aprobado ya?

4. ■ Mira, Fernando, he encontrado lo que buscamos en este libro de registros.

● ¿Ves? Aquí no aparece que nuestra testigo **es / sea** la dueña del piso. Es el marido el que lo compró y lo puso a su nombre.

5. ■ Para este viaje hay que vacunarse de la malaria.

● ¿Cómo sabes tú eso? He leído todos los papeles que nos dieron en la embajada y en ningún sitio consta que **es / sea** necesario vacunarse de la malaria. Solo del cólera.

Aciertos: .... **de 5**

Total de aciertos: .... **de 57**

EVALÚATE

Muy bien	Bien	Regular	Mal
●	●	●	●

TODO OÍDOS. Escucha el diálogo.

26

Begoña: **Falta que** Cristina y Fernando **confirmen** que vienen a la boda. ¿Te han llamado a ti?

Ignacio: No. Les hemos enviado la invitación, ¿verdad?

Begoña: Sí, claro. **Resulta que enviamos** la invitación con mucho tiempo de antelación y no nos responden. ¡Qué desastre!

Ignacio: En la invitación **consta que tienen** que confirmar, ¿no?

Begoña: Claro, como en todas. Es verdad que **no figura que deban** hacerlo un mes antes, pero...

Ignacio: Tranquila, ya los conoces. **No basta enviar** la invitación. Siempre hacen lo mismo.

Begoña: **Ocurre que es** un poco indignante que sean tus amigos los que nos den problemas...

Ignacio: **Conviene que te relajes** un poquito. Que te va a dar un infarto.

Begoña: Ay, perdona, tienes razón. **Resulta difícil** estar tranquila en esta situación.

Componentes:
Las oraciones de relativo

FORMA	USO
Oraciones especificativas con indicativo o con subjuntivo y oraciones explicativas con indicativo.	Para describir personas u objetos definidos, no definidos, hipotéticos o desconocidos, que no existen, y para aclarar a qué personas u objetos nos referimos.

Estoy pensando en comprarme un coche. El mío tiene ya 10 años.

¿Cuál? ¿Has estado viendo alguno?

De coches no entiendo nada. Lo único que tengo claro es que quiero uno **que gaste** poco, **con el que me sienta** seguro, **que sea** baratito. Y si es el último modelo, mejor que mejor, así me puede durar otros 10 años.

Tú pides mucho, ¿no? Los coches **que acaban de salir** al mercado tienen última tecnología y son caros.

27

FORMA

Tipos de relativas	Forma	Construcción	Ejemplo
Oraciones de relativo especificativas	No hay pausas en la entonación y no se escriben entre comas.	Indicativo	Busco un libro **que ha escrito** un amigo.
		Subjuntivo	Busco un libro **que sea bueno.** No conozco ningún libro de este autor **que sea bueno.**
Oraciones de relativo explicativas	Hay pausas en la entonación y se escriben entre comas.	Indicativo	He leído un libro, **que es muy bueno,** y te lo recomiendo.

A. Tipos de oraciones relativas

1. Especificativas:

Con ellas limitamos, localizamos o definimos de qué persona, animal, cosa o lugar hablamos.

Me gustó mucho la película **que me prestaste.** (No todas las películas que me has prestado, sino una concreta que me prestaste).
Hablé con un profesor **que enseñaba gramática.** (Enseñaba gramática, no otra materia).
Los quesos españoles **que tienen buen precio** *están muy buenos.* (Hace referencia a que únicamente los quesos que no son caros son muy buenos).

2. Explicativas:

Con ellas damos más detalles para aclarar de qué persona, animal, lugar o cosa hablamos. Siempre van entre comas.

Los quesos españoles, **que tienen buen precio,** *están muy buenos.* (Hace referencia a todos los quesos españoles, y con la oración de relativo explicativa -entre comas- detallamos y aclaramos que, además de buenos, no son caros).
Mi hermana, **que está estudiando oposiciones,** *no sale casi de casa.*

B. Indicativo o subjuntivo en las oraciones de relativo

1. En las oraciones especificativas se usa el indicativo cuando nos referimos a personas u objetos específicos y conocidos.

Tengo un coche **que gasta poca gasolina.**
Conchita es una persona **con la que se puede trabajar.**
El bolso está allí **donde lo pusiste,** *en el sofá.*

2. Solo en las oraciones especificativas se usa el subjuntivo cuando nos referimos a personas u objetos no específicos, desconocidos o hipotéticos.

Debería comprarme un coche **que gastara** *poca gasolina.*
Necesito un compañero de equipo **con el que pudiese** *trabajar.*
El bolso estará allí **donde lo pusieras.** (No se sabe dónde lo ha puesto).

3. También cuando negamos o preguntamos por la existencia de algo o alguien.

¿Conoces a alguien **que tenga** *un diccionario en ruso?*
Aquí no hay nadie **que pueda** *traducir este texto.*

4. Las oraciones explicativas van siempre con el verbo en indicativo, nunca llevan subjuntivo.

Recuerda:
Quien no puede ser sujeto de una frase explicativa.
* *Mi primo, quien trabaja en una empresa alemana, es rubio.*

1. Especificativas con indicativo o con subjuntivo (I).
Relaciona.

0. ¿Habrá alguien
1. Ya están fabricando coches
2. No existe ningún electrodoméstico
3. No sé de nadie
4. Existen personas
5. Se harán las cosas
6. En esta oficina no trabaja nadie
7. Comeremos en el restaurante
8. Quiero ir de vacaciones a la isla
9. Pintará el piso

a. que sepa ruso.
b. como más le guste.
c. que comparta tus ideas.
d. que no contaminan.
e. como dice el jefe.
f. donde fuiste tú el año pasado.
g. que están dispuestas a trabajar sin cobrar.
h. que sea para toda la vida.
i. que quiera correr ese riesgo?
j. donde haya una mesa libre.

Aciertos: .... **de 9**

2. Especificativas con indicativo o con subjuntivo (II).
Marca la opción adecuada.

0. El cine adonde **vamos / vayamos** está en el centro de la ciudad.
1. Quiero estudiar en una universidad donde **hay / haya** buenas instalaciones deportivas.
2. Haciendo gimnasia y comiendo sano es como se **pierde / pierda** peso.
3. Si no sabes ir, vete adonde **hay / haya** una parada de taxi y pregunta.
4. Nos vemos en el bar donde **estuviéramos / estuvimos** la semana pasada.
5. Al jefe le da igual como lo **haces / hagas.** Lo importante es que esté bien.
6. Va a ser difícil encontrar un sitio donde **reparan / reparen** una televisión tan antigua.
7. Es con aceite y no con mantequilla como **sale / salga** bien el pastel.

Aciertos: .... **de 7**

3. Especificativas con indicativo o con subjuntivo (III).
Completa con la forma correcta.

0. Tengo un amigo que ......*tiene*........ un Ferrari. **(tener)**
1. Necesito a alguien que .... repararme el coche. **(poder)**
2. Me encantaría comprarme una casa que .... jardín. **(tener)**
3. Ayer vi una casa que .... un jardín precioso. **(tener)**
4. Lo que necesitamos es un ordenador que .... bien y deshacernos de este, que .... lentísimo. **(funcionar, ir)**
5. Hemos alquilado un piso en el que no .... ascensor. **(haber)**
6. Compartir piso con Carlos es horrible, es alguien que no .... los espacios comunes. **(respetar)**

Aciertos: .... **de 7**

4. Especificativas de antecedente conocido o desconocido y explicativas (I).
Marca la opción correcta.

0. No hay quien le **entienda** / entiende. Un día dice una cosa y al día siguiente cambia de opinión.

1. No sé qué va a explicar mañana el profesor, pero lo que **explique / explica** entrará en el examen.

2. Estuvo mucho tiempo mirando la foto de la casa en la que **viviera / vivió** cuando era pequeño.

3. La casa, que **fuera / era** muy grande, tenía una puerta de madera maciza.

4. Cuando tenga mi casa, quiero un armario en el que me **quepa / cabe** toda la ropa.

5. El parque, al que **lleve / llevo** a jugar a mis hijos, está cerca de casa.

6. ● ¿Podríamos quedar este sábado para cenar?

   ■ Imposible. No tengo a nadie que **cuide / cuida** al niño.

   ● Tranquila, yo conozco a una chica encantadora que **pueda / puede** quedarse con él.

7. Por como **haya hecho / ha hecho** el examen, no cabe duda de que ha estudiado.

8. Mi marido, que **haga / hace** mucho ejercicio, está fuerte y sano.

9. A quien le **guste / gusta** esta película, debe de estar loco.

Aciertos: .... **de 10**

5. Especificativas de antecedente conocido o desconocido y explicativas (II).
Completa con el verbo en su forma correcta.

0. No vendrán a la excursión los alumnos que ....*lleguen*....... tarde. **(llegar)**

1. Me voy de vacaciones. ¿Puedes recogerme las cartas que ....? No me gusta que el buzón esté lleno. **(llegar)**

2. Este chico hará todo lo que usted le .... **(decir)**

3. A Ana la verás en todas las ciudades donde .... buenos conciertos. **(haber)**

4. Te compraré el libro que más te ...., así que acércate a la librería y pregunta por las novedades. **(gustar)**

5. Si no estás de acuerdo con el trato que te dieron en ese restaurante, acércate y habla con el camarero que te .... ayer. **(atender)**

6. El que .... ganas de venir al cine esta tarde que me llame. **(tener)**

7. En esta panadería buscan gente que .... experiencia. **(tener)**

8. Hizo todo lo que le .... **(recomendar - nosotros)**

9. Este fin de semana llevaré a mi hijo adonde le .... Luego le llamo y se lo pregunto. **(apetecer)**

10. Quien .... siempre aprueba. **(estudiar)**

11. Quien .... las cosas bien recibirá un incentivo. **(hacer)**

12. Pásame el periódico, ese que .... allí, encima de la silla. **(estar)**

13. En esta conferencia no han dicho nada que me .... **(interesar)**

Aciertos: .... **de 13**

6. ¿Especificativa o explicativa? ¿Con comas o sin comas?
Escribe las comas en caso necesario.

0. El examen... el que hice ayer... me salió fenomenal.

1. No sé dónde he puesto el bolso... que llevaba esta mañana.

2. Mi vecino Diego... el que siempre grita en las juntas de vecinos... vende su casa. ¡Qué tranquilos nos vamos a quedar!

3. Me llamó mi amiga Marina... la que vive en Costa Rica... para contarme que se viene de vacaciones a España. ¡Qué ganas tengo de verla!

4. Ayer estuvimos en ese bar... donde hacen las patatas al estilo alemán. ¿Sabes a cuál me refiero?

5. La librería aquella... donde compré tu enciclopedia... ha cerrado.

6. Me encanta el traje... que te compraste ayer.

7. Yo estudié en ese edificio... el que tiene los ladrillos rojos.

Aciertos: .... **de 7**

7. Para saber lo que tienes que hacer según una página de consumidores.
Completa con los verbos en la forma adecuada.

http://www.información.es

Idioma • Language

Antes de comprar un coche nuevo es conveniente tener en cuenta varios puntos. Aquí te ofrecemos una información, donde .....*puedes*...... **(poder - tú)** encontrar consejos muy útiles, como por ejemplo:

- Primero debes pensar en el tipo de vehículo que .... **(necesitar - tú).** Cuando decidas los modelos que más .... **(ajustarse)** a tus necesidades, tienes que analizar las características técnicas y las dimensiones.

- Si necesitas información sobre vehículos, consulta las revistas especializadas donde .... **(aparecer)** los últimos modelos. Estas revistas te orientarán.

- Luego acércate a un concesionario oficial, donde .... **(haber)** ofertas. Entérate de las ofertas que .... **(tener - ellos).** Y si no te interesan, acude a otro concesionario. Los precios varían de un concesionario a otro.

- Debes tener muy claro el modelo de vehículo que .... **(querer - tú).** Puedes encontrarte con algún vendedor que .... **(intentar)** convencerte para que compres otro modelo u otra marca.

- Después pregunta por la financiación. Recuerda que no tienes que aceptar la que te .... **(ofrecer)** el concesionario. Puedes pagar como .... **(desear).** Busca financiación en bancos o en cualquier sitio donde .... **(querer - tú).**

Aciertos: .... **de 10**

8. Para comprender bien un texto informativo.

Subraya en este texto todos los relativos que encuentres, indica cuál es su antecedente e identifica si las oraciones son especificativas o explicativas.

LA GASTRONOMÍA COMO EXPRESIÓN CULTURAL

Cada país tiene al menos ~~un monumento culinario~~ *que* se convierte en una de sus principales señas culturales.

especificativa

La paella, fórmulas ancestrales

A partir de esta formulación popular, que es heredera de los hábitos de muchas generaciones, nacen millares de recetas de paella. Valencia supo extender su forma de cocinar al resto del país. Según señala Néstor Luján, la palabra «paella» empezó a usarse en castellano en 1900, como sinónimo de arroz a la valenciana. Su principal característica es la enorme complicación de elementos que lo integran y que en el Levante se sabe combinar siempre armónicamente.

Pero, junto a la paella, va ganando posiciones como embajador de la cocina en el mundo el gazpacho, principal exponente de los fogones del sur, tesoro de Andalucía, región en donde por razones obvias las sopas frías han tenido siempre una gran acogida. El triunfo universal de la dieta mediterránea, que aspira a convertirse en breve en Patrimonio Inmaterial de la Humanidad que concede la Unesco, ha favorecido la difusión de la principal de las sopas frías del sur, que ya se ha extendido por todo el territorio nacional.

Los múltiples gazpachos

Han dado lugar a otras muchas fórmulas que se adaptan muy bien a las corrientes actuales. Como ejemplo, podemos mencionar el gazpacho de melón, de sandía, de remolacha, etc. También tienen mucho éxito los gazpachos que no engordan, que son con manzana verde y no con pan como se elaboran.

La paella y el gazpacho son dos platos conocidos mundialmente. Son patrimonio de los españoles y símbolos de nuestra tierra. Los dos fueron seleccionados con motivo del Congreso Mundial de Gastronomía celebrado en Madrid en 1992 como los dos platos más representativos de la cocina española en el mundo. Obtuvieron Medalla de Oro en aquellas Olimpiadas Gastronómicas que presidieron los Reyes de España.

Adaptado de *El cultural*. 25-10-2007, página 73

Aciertos: .... **de 11**

Total de aciertos: .... **de 74**

EVALÚATE

Muy bien · Bien · Regular · Mal

TODO OÍDOS. Escucha el diálogo.

28

- ¿Sabes llegar a casa de Sonsoles? ¿Te dio la dirección?
- Pues claro. Vive en la calle Libertad.
- Ah, genial. ¿Y si vamos **por donde** está Correos? ¿Sabes?
- Sí, pero pienso ir **por donde** ella nos indicó. Contigo siempre me pierdo.
- Bueno, vale. No te pongas así. Vamos **por donde quieras.**
- Siempre hay que hacer todo de la manera **como tú quieres**, si no te enfadas.
- No me enfado. Además no siempre hacemos las cosas así, **como yo quiero**, la prueba está en que nos vamos a ir **por donde** tú has decidido.

Componentes:
Las oraciones temporales

15

FORMA	USO
Cuando, mientras, antes de (que), después de (que), hasta (que) y al.	Para indicar el momento en que ocurre una acción.

Me encanta pasear **cuando** llueve.

Me gusta dar un paseo **cuando** huele a humedad.

¿Estás loco?

Entonces, lo que te gusta es pasear **cuando** ha llovido.

Eso es. **En cuanto** deje de llover, voy a dar una vuelta por el parque, ¿vienes?

Si damos el paseo **después de que** acabe mis ejercicios, te acompaño.

29

FORMA

Regla general

Recuerda que las oraciones temporales se utilizan con indicativo cuando hablamos de acciones habituales o pasadas y se utilizan con subjuntivo cuando hablamos de acciones futuras.

Acción habitual Acción pasada	*Cuando* + indicativo	*Juan siempre me llama cuando **sale** de clase.* *Juan me llamó cuando **salía** de clase.*
Acción futura	*Cuando* + subjuntivo	*Juan, llámame cuando **salgas** de clase.*

Nexos temporales que introducen un verbo en indicativo o en subjuntivo

Posterioridad inmediata	*En cuanto, en el momento (en el) que, tan pronto como, apenas*	Indicativo	Acción pasada o habitual	*Me llamó **tan pronto como** llegó.* *Me llama **en cuanto** llega.*
		Subjuntivo	Acción no realizada o futura	***Apenas** llegues, llámame.*

Límite de la duración de una acción	Hasta que	Indicativo	Acción pasada o habitual	*Quiso esperaros **hasta que** llegasteis.*
		Subjuntivo	Acción no realizada o futura	*Os esperaremos **hasta que** lleguéis.*

Nexos temporales que introducen un verbo en indicativo

Simultaneidad	mientras (tanto), entretanto, al mismo tiempo que	Indicativo	*Espérame **mientras** llego.* **Entretanto** *yo cocinaba, ella ponía la mesa.*

Nexos temporales que introducen un verbo en infinitivo o en subjuntivo

Anterioridad	Antes de	Infinitivo	*Te llamé **antes de** salir de viaje.*
	Antes de que	Subjuntivo	*Me llamó **antes de que** yo saliera de viaje.*

Nexos temporales que introducen un verbo en infinitivo, en indicativo o en subjuntivo

Posterioridad	Después de	Infinitivo	El mismo sujeto	*Te llamé **después de** salir de casa.*
		Indicativo	Acción pasada o habitual	*Se fue **después de que** llegasteis.*
	Después de que	Subjuntivo	Acción no realizada o futura	*No te preocupes, se irá **después de que** hayáis llegado.*

Nexos temporales que introducen un verbo en infinitivo

Posterioridad inmediata	Nada más, al	Infinitivo	**Nada más** *salir de casa, te llamé.* **Al** *salir de casa, te llamé.*

Nexos temporales que introducen un verbo en participio, en indicativo o en subjuntivo

Posterioridad inmediata	Una vez	Participio	**Una vez** *resuelto el problema, todo será más fácil.*
Límite en que empieza una acción	Una vez que	Indicativo	Acción pasada o habitual	*Lo discutimos **una vez que** nos reunimos todos.*
		Subjuntivo	Acción no realizada o futura	*Lo discutiremos **una vez que** nos reunamos todos.*

USO

En cuanto, en el momento (en el) que, tan pronto como, apenas, nada más, al, una vez

1. Indican posterioridad inmediata de la oración principal. La acción principal se produce justo después de que la acción subordinada haya finalizado.
   *Me llama **en cuanto** llega.*   ***Apenas** llegues, llámame.*
   ***Una vez que** hayáis acabado el examen, podéis salir de clase.*
2. *Nada más* y *al* siempre van con infinitivo. No es necesario que los sujetos de las dos oraciones sean los mismos.
   ***Nada más** acabar Juan el examen, salimos de clase.*
   *Salimos de viaje **nada más** amanecer.*
3. *Una vez* indica posterioridad de la oración principal. Es formal.
   ***Una vez** acabado el examen, salimos de clase.*

Hasta que

1. Indica el límite de duración de una acción.
   *Os esperamos **hasta que** llegasteis.*
   *Os guardaremos el sitio en el cine **hasta que** lleguéis.*
2. Puede llevar subjuntivo también en el pasado. En este caso no informa de que la acción de la oración temporal se cumpla realmente.
   *Quiso esperaros **hasta que** llegarais, pero como se hizo muy tarde, se fue.*

Mientras (tanto), entretanto, al mismo tiempo

Indican simultaneidad y se utilizan siempre con indicativo.
   ***Mientras** tú compras fruta, yo voy por el pan.*
   ***Al mismo tiempo que** estabas haciendo deporte, yo estaba estudiando.*

Antes de (que)

1. Indica anterioridad a la oración principal.
   *Nos vimos **antes de que** entraras en clase.*
   *Siempre nos vemos **antes de que** entres en clase.*
   *Nos veremos **antes de que** entres en clase.*
2. Cuando el sujeto de las dos oraciones es el mismo, se utiliza con infinitivo y cuando el sujeto de las dos oraciones es diferente, se utiliza con *que* + subjuntivo.
   *Jugamos (nosotros) al fútbol **antes de** entrar (nosotros) de clase.*
   *Jugamos (nosotros) al fútbol **antes de que** entréis (vosotros) en clase.*

Después de (que)

1. Indica posterioridad a la oración principal.
   *Nos vimos **después de que** salisteis de clase.*
   *Nos veremos **después de que** salgáis de clase.*
2. Cuando el sujeto de las dos oraciones es el mismo, se utiliza con infinitivo y cuando el sujeto de las dos oraciones es diferente, se utiliza con *que* + indicativo o subjuntivo (para acciones futuras).
   *Jugamos (nosotros) al fútbol **después de** salir (nosotros) de clase.*
   *Jugamos (nosotros) al fútbol **después de que** salgáis (vosotros) de clase.*
3. En un lenguaje culto y escrito, también suele utilizarse con subjuntivo para referirse al pasado.
   *Jugamos al fútbol **después de que** salierais de clase.*

1. *Cuando* para hablar del presente, pasado o futuro.

Completa con el verbo en la forma adecuada.

0. Cuando ...... *salgas* ......, cierra la puerta. (**salir - tú**)

1. Cuando .... frío, me encanta quedarme en casa. (**hacer**)

2. Me encanta pasear cuando .... (**llover**)

3. Te avisaremos cuando .... de la hora de salida. (**enterarnos - nosotros**)

4. Cuando .... el trabajo, salimos de viaje. (**acabar - nosotros**)

5. Marina se fue justo cuando tú .... (**llegar**)

6. Cuando .... en el hotel, empezó a llover. (**entrar - nosotros**)

7. No estaremos aquí cuando vosotros .... (**llegar**)

8. Yo cocino mientras ella .... la mesa. (**poner**)

9. Haremos una fiesta cuando .... de Caracas. (**volver - vosotros**)

10. No estábamos en casa cuando .... (**llamar - vosotros**)

11. Me voy a echar una siesta cuando .... de comer. (**terminar - nosotros**)

12. Cuando .... pequeño, vivía en este pueblo. (**ser - yo**)

Aciertos: .... de 12

2. *Cuando* con indicativo o con subjuntivo.

Responde con una de las frases del recuadro y con los verbos en la forma correcta.

> cuando encontrar a un hombre bueno y guapo - hasta que acabar el curso - en el momento en el que terminar la mudanza - cuando vivir en el centro - hasta que poder - en cuanto llegar el buen tiempo - una vez que acabar de leerlo - los fines de semana, cuando reunirme con mis amigos - cuando crecerme un poco más - cuando tener ganas - cuando tener más tiempo - cuando estudiar en la universidad - cuando ir por primera vez a España

0. ¿Cuándo vas a limpiar el sótano? ...... *Cuando tenga ganas.* ......

1. ¿Hasta cuando vas a correr maratones? ....

2. ¿Cuándo vas a casarte? ....

3. ¿Cuándo ibas al cine? ....

4. ¿Cuándo daremos paseos en bici? ....

5. ¿Cuándo vas a devolver el libro a Jaime? ....

6. ¿Cuándo vas a sacarte el carné de conducir? ....

7. ¿Cuándo vas a cortarte el pelo? ....

8. ¿Cuándo sueles cenar fuera de casa? ....

9. ¿Cuándo vas a hacer la fiesta de bienvenida? ....

10. ¿Cuánto tiempo vas a estar en Italia? ....

11. ¿Cuándo empezaste a estudiar español? ....

12. ¿Cuándo conociste a tu mujer? ....

Aciertos: .... de 12

3. Las oraciones temporales.
Relaciona las frases.

0. Me compraré un coche

1. No pude ver a la profesora; se fue

2. Cuando son distancias cortas,

3. Antes de salir de viaje,

4. Me quedaré en la residencia de estudiantes

5. Se quedó dormida

6. Voy a ir a la peluquería

7. Acuérdate de apagar el ordenador

8. Mi ordenador se queda colgado

a. siempre viajo en tren.

b. apenas acabó la clase.

c. en cuanto tenga una mañana libre.

d. compruebo que llevo el pasaporte.

e. cuando ahorre dinero suficiente.

f. al descargar archivos con virus.

g. hasta que acabe el curso.

h. al mismo tiempo que veía la televisión.

i. cuando termines esto.

Aciertos: .... **de 8**

4. El nexo adecuado.
Completa con uno de los siguientes nexos.

Nada más, Al, antes de que, una vez que, Cuando, en cuanto, Una vez, hasta que, tan pronto como

0. ....*Nada más*........ verte, me acordé de que era tu cumpleaños.

1. .... hace frío, prefiero quedarme en casa.

2. Pienso irme de vacaciones .... termine el trabajo.

3. .... hecho el trabajo, estarás más relajado.

4. .... salir de la piscina, sécate bien, puedes coger frío.

5. Avísanos .... llegues a la estación, iremos a recogerte.

6. Te esperaré en casa .... me llames.

7. No nos vimos; debimos salir .... tú llegaras.

8. Sé puntual, ... empiece la obra, no se puede entrar al teatro.

Aciertos: .... **de 8**

5. Más nexos.
Marca la opción correcta.

0. Te lo advierto, **una vez / una vez que** te hayas ido, no vuelvas más por aquí.

1. Te lo prometo, **mientras / tan pronto como** llegue al aeropuerto, te llamo.

2. Nos vemos **al / una vez** salir de clase.

3. **Apenas / Hasta que** acabe la clase, tengo que irme. He quedado con Manuela.

4. Te esperaré **en cuanto / hasta que** salgas, pero date prisa.

5. **Al / En cuanto** verte, me acordé de que habíamos quedado.

6. Podremos entregar el trabajo **una vez / una vez que** revisado.

7. Salí de casa **después de / después de que** hablar contigo por teléfono.

Aciertos: .... **de 7**

6. Fíjate en los nexos para elegir la forma verbal.

Completa con la forma adecuada del verbo (infinitivo, participio, indicativo o subjuntivo).

0. Un poco antes de .... *salir* ...., comenzó a llover. (**salir**)

1. Después de que .... la película, decidimos salir a dar una vuelta. (**terminar**)

2. Antes de .... en la biblioteca, nos tomamos un café. (**entrar**)

3. Nada más ...., me lo contó todo. (**llegar - él**)

4. Después de ...., siempre damos un paseo por el parque. (**cenar**)

5. Antes de que ...., tenéis que haber terminado de pintar la escalera. (**anochecer**)

6. Una vez .... el problema, se acabaron las discusiones. (**resolver**)

7. Al .... la escalera, me resbalé y me caí. (**subir - yo**)

8. Antes de .... deporte, es bueno estirar los músculos. (**hacer**)

9. Después de que vosotros .... en París, fuimos nosotros. (**estar**)

10. Nunca bebo antes de .... (**conducir**)

11. Antes de .... de viaje, comprueba que llevas el pasaporte. (**irse - tú**)

12. Tengo la intención de viajar a Guatemala cuando .... unas semanas de vacaciones. (**tener - yo**)

13. Cuando .... poco, estoy de mal humor. (**dormir**)

14. Una vez que .... el diccionario, será más fácil hacer los ejercicios. (**tener - tú**)

15. En cuanto .... el libro, avísenme, por favor. Les dejo mi móvil para que me llamen. (**recibir - ustedes**)

16. Ayudé a mi hermano tan pronto como .... de que tenía problemas. (**enterarse - yo**)

17. Trabajo en la sala de ordenadores mientras Ana .... estudiando español en clase. (**estar**)

18. Por favor, cierra la ventana cuando .... por ahí, hace fresco. (**pasar - tú**)

19. Nada más .... el coche, me llamó Luisa. Quería saber si había llegado. (**aparcar**)

20. Apenas .... al hotel, voy a meterme en la cama. Estoy cansadísimo. (**llegar - yo**)

21. Cuando .... en Madrid, salíamos mucho al teatro. (**estar - nosotros**)

22. Hablaremos de ello en el momento en que .... reunirnos todos. (**poder - nosotros**)

23. Antes de ...., coloca bien el papel. (**imprimir**)

24. ¿Recoges la mesa mientras yo .... los platos? (**fregar**)

25. Llama a Marina antes de que .... más tarde. (**ser**)

26. Después de ...., prepararé la cena. (**comprar**)

27. Te ha llamado Javier, justo después de que .... de casa. (**salir - tú**)

28. ¿Estás enfadado conmigo? No me has saludado al .... (**ver, a mí - tú**)

29. No aceptes el trabajo hasta que no .... tus estudios. (**terminar - tú**)

30. Antes de .... de casa, comprueba que has dejado las ventanas bien cerradas, por favor. (**salir - tú**)

Aciertos: .... **de 30**

87

7. ¿Con indicativo o con subjuntivo?

Completa con los verbos en la forma adecuada.

0. Llámame cuando ....*sepas*..................... algo, estoy nervioso por enterarme. **(saber - tú)**

1. En cuanto .... el caldo, echa la carne y sube el fuego. **(hervir)**

2. El sábado tengo que trabajar por la mañana, mientras tanto .... hacer la compra, si quieres. **(poder - tú)**

3. Por favor, mándame la documentación antes de que .... el plazo de entrega. **(acabarse)**

4. En el momento en que .... instalarme, mi vida cambió. **(conseguir - yo)**

5. Hasta que no lo ...., no me lo creeré. **(ver - yo)**

6. Nos fuimos de viaje, entretanto .... la casa en obras. **(tener, nosotros)**

7. Ponte en contacto con Juan tan pronto como .... en la oficina. Tiene que hablar contigo urgentemente. **(estar - tú)**

8. Antes de que .... del teatro, ya habíamos llegado nosotros a casa. Vivimos muy cerca. **(volver - vosotros)**

9. La relación entre vosotros dos mejoró mucho después de que .... **(hablar - vosotros)**

10. Ten paciencia. Todo resultará más fácil una vez que .... más experiencia. **(adquirir - tú)**

11. Cuando .... el pelo corto, me gustas más. **(llevar - tú)**

12. No te preocupes, quédate con el libro hasta que no lo .... **(necesitar - tú)**

13. No sabía nada hasta que me .... el correo electrónico. **(escribir - tú)**

14. Antes de que .... , deja las toallas en la lavadora. **(irse - tú)**

15. Una vez que .... esta parte, empezaremos las prácticas. Es la parte más divertida. **(finalizar)**

Aciertos: .... **de 15**

8. Para comprender bien una entrevista.

Lee la siguiente entrevista a un conocido escritor y contesta a las preguntas.

- ¿Qué suele hacer en sus vacaciones?
- Cuando estoy de vacaciones, suelo intentar descansar lo máximo posible y renovar las energías para continuar trabajando después con más ilusión. Antes de decidirme por un lugar, suelo pensar en un destino lejano y desconocido para mí. Cuanto más lejano, mejor. Cuando estoy en un país muy diferente al nuestro, desconecto mucho más que si me siento cerca de casa. En cuanto llego y veo que todo es diferente y que nada me resulta cotidiano, hay algo que se activa en mí, que hace despertar mis sentidos. Cuando experimento algo así, estoy mucho más perceptivo.
- ¿Dónde irá las próximas vacaciones?

- Bueno, aún no sé cuándo tendré tiempo, pero cuando me decida, está claro que iré a algún país del Lejano Oriente, quizá a la India. En cuanto llegue allí, espero que se active esta sensación que te he comentado. Cuando vea los colores de los vestidos de la gente, cuando huela los mercadillos de las especias, cuando sienta la cálida atmósfera de la primavera… Cuando era joven, solía pasar allí tres meses al año. Este país, aunque he estado varias veces, es siempre una experiencia única. Ha sido siempre un referente en mi pensamiento y una fuente de historias para mis novelas.
- ¿Entonces será la India?
- Bueno, aún no lo he decidido. En cuanto me libere del trabajo y saque tiempo para un viaje, lo pensaré más en serio.

1. ¿Cuándo descansa lo máximo posible? ....
2. ¿Cuándo desconecta de su rutina diaria? Siempre que ....
3. ¿Cuándo irá de vacaciones la próxima vez? Cuando ....…………… y después de
   ....…………… dónde ir.
4. ¿Dónde solía viajar tres meses al año? ....…………… cuando ....…………… .

Señala las oraciones temporales que aparecen en el texto y ordénalas según el contexto temporal.

Acciones pasadas	Acciones habituales	Acciones futuras
	Cuando estoy de vacaciones, suelo intentar descansar.	

Aciertos: .... **de 15**

Total de aciertos: .... **de 107**

EVALÚATE

Muy bien	Bien	Regular	Mal
●	●	●	●

TODO OÍDOS. Escucha el diálogo.

- Hola, ¿dónde estás?
- Estoy todavía en el aeropuerto. Hemos llegado con retraso, estoy esperando la maleta.
- Vale, llámame **en cuanto** la recojas. Yo voy a tomarme un café **mientras** tú esperas la maleta.
- Bueno, te llamo **cuando** la tenga. ¿Estarás en la puerta?
- Sí, pero te espero en la cafetería **hasta que** salgas. Está muy cerca de tu salida.
- Vale, hasta ahora.
- Hasta ahora.

16

FORMA	USO
Para, a, con motivo de, a efectos de, con el objeto de + infinitivo y *para que, a que, a fin de que, con el objeto de que* + subjuntivo.	Para expresar la finalidad, la consecuencia y el contraste. En ocasiones señalan también la intención y el propósito de realizar una acción.

> Javi, estoy escuchando las noticias **para ver** si informan sobre las retenciones de tráfico.

> Desde la Dirección General de Tráfico comunicamos, **con el objeto de informar** a nuestros espectadores, de las retenciones de quince kilómetros en la autovía I, a la altura de Lerma. **A fin de que se restablezca** el tráfico normal, la DGT ha recomendado utilizar las vías alternativas **para que** el comienzo de las vacaciones de Navidad **transcurra** con la mayor tranquilidad posible. Algunos ciudadanos se han acercado hasta nuestra sede **a que les demos** una información detallada de las vías alternativas para viajar al norte de la Península.

31

FORMA

Para A Con motivo de A efectos de Con el objeto de	+ infinitivo	Luis bebe leche **para** crecer. He venido **a** corregir los exámenes. Ha llegado la policía **con motivo de** informar del estado de nuestra casa. El acusado entró en la sala **a efectos de** conocer la sentencia. Presentó dos pruebas concluyentes **con el objeto de** negar su participación en el robo.
Para que A que A fin de que	+ subjuntivo	Luis bebe leche **para que** sus huesos estén fuertes. He venido **a que** corrijas los exámenes. Te adelanto este mes trescientos euros, **a fin de que** pagues todas tus deudas.

USO

1. Las oraciones finales expresan una relación de causa-efecto.
*Hago las paces con mi primo **para que** mi madre me quite el castigo.*

2. Pueden expresar también una consecuencia (como resultado), un contraste (como diferencia), o un deseo (como duda y pretensión de hacer algo).
*No tienes valor **para** saltar desde el desfiladero.* (Como no tiene el valor suficiente, la consecuencia es que no saltará).
*Se quedan hoy en Andorra **para** irse a Francia por la mañana.* (Hoy se quedan en Andorra y saldrán al día siguiente hacia Francia).
*Miró todos los ejercicios **para** ver si podía aprobarme el examen.* (Revisó el examen con la intención de cambiar la nota).

Para + infinitivo y *para que* + subjuntivo

1. Expresan finalidad.
*No asistiré a tu estreno **para** no ponerte nervioso.*
*Asistí a tu estreno **para que** tuvieras un apoyo entre el público.*

2. Se utiliza con infinitivo cuando el sujeto de los dos verbos es el mismo.
*Se acostó en el salón **para** no despertar (él) a Álvaro.*

3. Se utiliza con *que* + subjuntivo cuando el sujeto de las dos acciones no coincide.
*Dormí anoche en el salón **para que** no se despertasen los niños.*

4. Si va con presente de subjuntivo expresa una consecuencia en el presente y en el futuro. Con imperfecto de subjuntivo expresa una consecuencia en el pasado.
*Echa aceite en la base **para que** no se pegue al meterlo al horno.*
*Cuando nos separamos, le llamé todos sus cumpleaños **para que** supiera que me acordaba de él.*

5. Normalmente aparece después de la oración principal, aunque también puede colocarse antes para poner énfasis en la finalidad.
*He venido corriendo **para** no hacerte esperar.*
***Para** no hacerte esperar, he venido corriendo.*

6. Solo puede separarse del verbo con un adverbio.
*¿Tuerzo, entonces, en Moncloa **para** después coger el Paseo de Moret?*

7. Normalmente va con un verbo, pero también puede ir acompañado de un nombre o de un pronombre.
*A Laura le encantaría estudiar **para** enfermera.*
*Coge mi coche sin compromiso. Está **para** eso.*

8. Aparece en expresiones con verbos de entendimiento y de percepción y en frases hechas que expresan ironía. Estas últimas llevan implícito un verbo de lengua.
***Para que** entiendas lo que cuesta ganarse un sueldo.*
*¡**Para que** aprendas a no fiarte de nadie!* (Te lo digo, te hablo, te aviso).

A (que)

Se utiliza con verbos de movimiento (*ir, venir...*) para indicar el motivo de ese movimiento.
*Ha venido **a** conocer por fin a la familia de mi novio.*
*Ha venido **a que** sus padres conozcan a su prometido.*

A fin de que, a efectos de, con motivo de y con el objeto de

Tienen los mismos usos que *para,* pero se utilizan especialmente en la lengua escrita y en el lenguaje oral formal.
*He tomado esta decisión **a fin de que** perdure nuestro acuerdo.*
*Han declarado los tres acusados **a efectos de** esclarecer el caso de corrupción urbanística.*
*Se han reunido en la sede **con motivo de** organizar una manifestación.*
*Ayer se dieron cita grandes personalidades de la cultura española **con el objeto de** inaugurar las nuevas salas del Museo del Prado.*

1. ¿*Para* con infinitivo o *para que* con subjuntivo?

Completa con *para* o *para que* y con el verbo en la forma correcta.

0. Me vino a ver el médico ...*para darme*... una medicación para las anginas. **(dar - a mí)**

1. Vino Pedro a hacer compañía a la abuela .... salir a hacer las compras. **(poder - yo)**

2. Mis hijos han ido de excursión a Guadarrama .... las distintas clases de árboles. Tengo que recogerlos a las cinco y media .... llegar pronto a natación. **(conocer, poder - ellos)**

3. ¿Sabes que mañana viene el fontanero .... la tubería del baño? Viene a las siete .... a las ocho. **(arreglar, marcharse - el fontanero)**

4. María, ... en forma, hace treinta flexiones cada mañana. Tú, ... en forma deberías hacer quince. ¡ .... ponerte el pantalón que tanto te gusta y que se te ha quedado pequeño! **(estar, estar, poder - tú)**

Aciertos: .... **de 8**

2. Cada acción tiene su finalidad.

Relaciona.

0. Hemos considerado su petición
1. Tengo que llamar a mi secretaria
2. A fin de que se restablezca el pacto,
3. Vengo a que
4. Te lo digo así de claro
5. Nos estamos entrenando a conciencia
6. Hemos enviado unas cartas
7. Para comenzar bien el curso,
8. Ha sido inaugurado el nuevo Conservatorio
9. Para que las cosas salgan como es debido,

a. para formar a jóvenes artistas.
b. necesito unas vacaciones.
c. para que no te lleves un engaño.
d. a efectos de otorgarle la beca.
e. para que venga sin falta esta tarde.
f. con el objeto de conseguir la medalla.
g. me conozcan.
h. los políticos piden colaboración.
i. hay que trabajar duro.
j. con motivo de anunciar a todos nuestro enlace.

Aciertos: .... **de 9**

3. El informe del Ministerio de Medio Ambiente sobre la sequía.

Marca la opción correcta.

El problema de la sequía en España

Los cortes de agua son ya inevitables. **A fin de que / Con el objeto de** conseguir una mayor participación ciudadana, el Gobierno ha presentado un folleto informativo con las normas de actuación. **A fin de que / Con el motivo de** sean cumplidas estas normas con eficacia, hay quinientos voluntarios distribuidos por el país **a fin de que / a efectos de** informar puntualmente a la ciudadanía. **A fin de que / Con el objeto de** fomentar los buenos hábitos de consumo de agua, el Ministerio de Medio Ambiente proyectará todos los viernes del presente mes documentales y reportajes relacionados con el cambio climático **a fin de que / con el objeto de** la ciudadanía quede plenamente concienciada de la gravedad del problema.

Aciertos: .... **de 4**

4. Comentar una noticia.

Relaciona las siguientes expresiones con los textos.

a. ¡Para que aprendas!	**b.** Ver para creer
c. ¡Para que luego digas que no toca nunca!	**d.** Vivir para contar
e. Hoy Cervantes, para variar	**f.** Para ser un niño, hace maravillas
g. Ha nacido para ser una estrella	**h.** ¡Para que veas lo que cuesta encontrar trabajo!

0. Simone Ortega reedita su popular libro de cocina: *1080 recetas de cocina*. Esta nueva edición se presenta acompañada de útiles gráficos para preparar, con el sabor y el estilo de siempre, nuevos platos firmados por la mano de esta ilustre cocinera. ....*¡Para que aprendas!*..........

1. El mago Vázquez presenta su último espectáculo en el pabellón de la Casa de Campo de Madrid: nuevos trucos que dejarán atónitos a niños y padres que podrán acudir todos los días a partir de las ocho de la tarde. ¡Increíble número de magia! ....

2. Con motivo del día del libro y como viene siendo costumbre desde hace años, hoy comienza la lectura continuada del *Quijote* en el Círculo de Bellas Artes de Madrid. Serán cuarenta y ocho horas de incansable recitación en honor al más venerado escritor de la literatura española. ....

3. La escuela de fútbol que David Beckham inauguró hace un año en España hoy ha presentado a los medios de comunicación su último descubrimiento: Javier González, un niño cordobés de siete años de edad que hace proezas con un balón de fútbol. ....

4. Gregorio Villablanca se sentó alrededor de sus nietos. En el colegio les habían pedido que preguntaran a sus abuelos por su experiencia en la Guerra Civil. Gregorio les contó una historia distinta: sin ruidos de bombardeos ni gritos de soldados. Se la contó su padre, a quien a su vez se la había contado su abuelo. ....

5. Ha salido premiado en Valencia. El 12.384 es el Gordo de la Lotería de este año. Loli y Carlos, que nunca confían en la Lotería de Navidad, se han encontrado esta mañana con esta sorpresa. Fueron avisados por Enrique, su vecino del quinto, que se había encargado de comprar para sus amigos más cercanos una tira entera del número premiado. ....

6. Belén Sánchez escuchaba a su madre cantar algunos tangos de Carlos Gardel. Ella ya los tarareaba con tres años. Hoy ha cumplido dieciocho y su madre no ha podido impedir que Belén se presente al último concurso de televisión para jóvenes amantes de la canción. Su estreno ha sido triunfal y ya hablan de ella como la próxima promesa de la música pop. ....

7. Una madre se lleva a su hijo a la oficina para trabajar durante nueve horas. La madre quiso enseñar al niño cómo es en realidad un duro día de trabajo. El chico, de dieciséis años de edad, llevaba tres días sin acudir al colegio. ....

Aciertos: .... **de 7**

5. ¿*A* con infinitivo o *a que* con subjuntivo?

Completa con *a* o *a que* y con el verbo en la forma correcta y los pronombres necesarios.

0. Ha venido Sandra a casa ...*a contarme*... una historia muy extraña de su trabajo. **(contar, a mí)**

1. Los primos de Santi me pidieron que fuera .... un problema complicadísimo de cálculo de estructuras. **(solucionar, a ellos)**

2. Cuando he ido .... mis pendientes, ya no estaban. He venido rápidamente .... tú mismo. **(ponerse - yo, comprobar, eso)**

3. Laura no llegó .... al tren anoche. Yo no lo sabía, y esta mañana he esperado .... hasta el último de los pasajeros y Laura no estaba. Me he asustado mucho. **(subirse - Laura, bajarse)**

4. ¿El lunes viene el constructor ....? ¿Ha concretado qué habitaciones viene ....? ¿Te dijeron si viene también ....? **(medir - él, ver - él, pagar - nosotros, a él)**

Aciertos:	**de 8**

6. Ayuda a Javier Bardem a preparar su discurso para el homenaje que ha recibido en el Festival de cine independiente de Nueva York.

Ordena sus ideas y sus frases.

1. los agradecer Quiero a todos en mí que confiaron para adelante este proyecto. sacar

2. tenga el cine un esfuerzo Los actores españoles haciendo estamos para que internacional. una gran presencia de país nuestro

3. apoyo. aquí venido he Hoy a todos agradeceros a este magnífico

4. que sigan amándolo. que Y sean palabras mis las que aliento den a jóvenes tantos que aman el cine para

5. mi a madre, a mi país, Muchas gracias a mis compañeros, a lengua... mi.

1. _____
   _____
2. _____
   _____
3. _____
   _____
4. _____
   _____
5. _____
   _____

Muchas gracias a todos.

Aciertos:	**de 5**

7. Anuncio informativo: la leche materna.

Léelo, complétalo con las expresiones de finalidad adecuadas e infórmate.

La leche materna ayuda **a que / con motivo de / a efectos de** se desarrolle el cuerpo y la inteligencia de los niños. Es muy positiva **a / para que / para** el crecimiento de los niños y para protegerlos de numerosas enfermedades. Este alimento está recomendado **a fin de que / a / para** nutrir en los seis primeros meses de vida al bebé. Se trata de la mejor de las medidas protectoras propuestas **con el objeto de / a que / a** evitar las enfermedades infecciosas, el estreñimiento, los cólicos, las alergias y las enfermedades de la piel. Está también recomendada **a fin de que / con el objeto de / a** disminuya el riesgo de alergias y **a fin de que / para / a** favorecer el nacimiento y desarrollo de los dientes. Además, prestigiosos estudios confirman que la lactancia es muy positiva **a efectos de / para que / a** prevenir el cáncer de mama y ovarios. **Con el objeto de / Para que / A que** hacer llegar estas informaciones a las madres y mujeres españolas, el Ministerio de Sanidad y Consumo ha puesto a disposición de las interesadas un teléfono de atención al público **con el objeto de / para que / para** sean resueltas todas las dudas acerca de la lactancia materna.

Adaptado de *http://mujerdecantabria.com/labuenaleche/novedades/index.php*

Aciertos: .... **de 8**

Total de aciertos: .... **de 49**

EVALÚATE

Muy bien   Bien   Regular   Mal

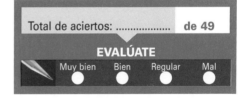

TODO OÍDOS. Escucha el diálogo.

- ¿**Para** qué me piden el código fiscal al hacer la matrícula en este máster?
- Me imagino que **para** tenerte controlado o **para** que te agilicen ellos los pagos a través del banco y **para** que no tengas que ir tú a hacerlo.
- O sea, ¿que he venido **a que** me matriculen en el máster y luego ellos se encargarán de todo? ¡Qué maravilla!
- ¡Mi problema es cómo rellenar correctamente estos papeles! ¿Qué has puesto en la casilla cuatro?
- Pues he puesto: «**A fin de que** la presente petición de beca sea aceptada, adjunto le remito mi currículum. Les rogaría me enviaran un recibo de la matrícula **a efectos de** presentarlo en mi universidad de procedencia. Atentamente» y mi nombre.
- Creo que voy a copiártelo todo y cambio el comienzo: «**Con motivo de presentar** la beca del Ministerio…».

Las oraciones causales

17

FORMA	USO
Porque, puesto que, ya que, debido a que y *como* + indicativo.	Para expresar la causa de la acción o situación expresada en la oración principal.

¿Por qué llevas gorro y bufanda?

¡Pero si hace un tiempo buenísimo!

Porque estoy helado.

Claro, **como** tú vives en el norte estás acostumbrada, pero yo **como** vivo en Canarias me congelo con este frío.

33

FORMA

Nexos que introducen oraciones causales:	+ verbo en indicativo
Porque, puesto que, ya que, debido a que y *como* + causa.	*Estudio español **porque** me gusta.* ***Puesto que** no quieres venir, nos vamos.* *No iré **debido a que** tengo una reunión.* ***Ya que** bajas, compra leche, por favor.* ***Como** es muy tarde, terminaremos mañana.*

(Ver tema 21 del nivel A, tema 28 del nivel A2 y tema 23 del nivel b1)

USO

Porque explica la causa de la acción principal de manera general y neutra, sin matices.
*Hace calor **porque** estamos en julio.*
*Tengo hambre **porque** llevo seis horas sin comer nada.*

Debido a que expresa la causa de algo en un registro más culto y se usa más en la lengua escrita.
*Los precios están por las nubes **debido a que** el petróleo subió un 30% el pasado año.*
*Se lee menos prensa **debido a que** Internet se ha convertido en un periódico universal.*

Puesto que también pertenece al registro culto y se usa más en la lengua escrita. Suele anteponerse a la oración principal.
***Puesto que** usted lo dice, me lo creo.*
***Puesto que** me hace usted esa pregunta, explicaré mi teoría al respecto.*

Ya que sirve para expresar una causa conocida. Generalmente se antepone a la oración principal.
***Ya que** has venido a verme, te invito a comer.*
***Ya que** vas al supermercado, cómprame pan, por favor.*

Como presenta la causa como una situación previa que explica la acción principal. Siempre se antepone a la oración principal.
***Como** no me has llamado, no te he comprado entradas.*
***Como** pienso salir esta noche, voy a echarme la siesta.*

1. ¿Porque o puesto que?

Marca la opción correcta.

0. **Porque / Puesto que** te vas, me voy a hacer la compra, **porque** / **puesto que** no me apetece quedarme solo en casa.

1. El dentista de mi primo no usa guantes de látex **porque / puesto que** le dan alergia.

2. **Porque / Puesto que** los empresarios no están dispuestos a ceder a las peticiones de sus empleados,
la huelga de trabajadores se prolongará hasta la semana que viene.

3. Que te quede bien clara una cosa: **porque / puesto que** has decidido dejar el puesto, yo me veo en la
obligación de contratar a una persona que te sustituya, pero no **porque / puesto que** esté de acuerdo
con tu decisión, sino **porque / puesto que** necesito ayuda.

4. ¿Que por qué me pongo así? **Porque / Puesto que** lo preguntas, te respondo: no me gustan tus amigas
porque / puesto que, siempre que estás con ellas, vuelves a casa con un comportamiento insoportable.

Aciertos: .... **de 7**

2. ¿Delante o detrás?

Coloca el nexo en su lugar adecuado para que la frase complete su sentido.

0. Me gustan los zapatos rojos del escaparate. Son bastante cómodos y me sirven no solo para la fiesta
de Nacho sino también para la boda de Luis. **(Porque)**
*Me gustan los zapatos rojos del escaparate porque son bastante cómodos y me sirven no solo
para la fiesta de Nacho sino también para la boda de Luis.*

1. Te quedas a comer. ¿Por qué no me enseñas a preparar el guiso de ternera que te sale tan bien y le digo
luego a mi madre que lo he hecho yo? **(Ya que)**
....
....

2. Lo preparamos, pero tu madre no se va a creer que lo has hecho tú. Conoce perfectamente tus dotes
para la cocina. **(Porque)**
....
....

3. No he podido escribirte. He tenido muchísimo trabajo hasta hoy. **(Debido a que)**
....
....

4. Tengo doce hermanos. Las Navidades siempre son unas fiestas multitudinarias en mi casa. **(Como)**
....
....

5. Han venido a visitarme mis padres. Aprovecharemos para ver el interior de la mezquita y, al salir, tomar-
nos unas berenjenas con miel en el bar de Miguel. **(Puesto que)**
....
....

Aciertos: .... **de 5**

3. ¿Debido a que o ya que?

Une las frases con uno de los conectores.

0. Ha vuelto a subir el precio del pan. La harina está cada vez más cara.

Ha vuelto a subir el precio del pan debido a que la harina está cada vez más cara.

1. Estás aquí. Aprovecho para preguntarte una duda del examen de Matemáticas del martes.

....

....

2. He llegado tarde a la reunión de esta mañana en Bruselas. Había huelga de controladores y nos han tenido tres horas metidos en el avión y parados en el aeropuerto de Barajas.

....

....

3. Vas al supermercado. Tráeme nata líquida y levadura. Hoy voy a hacer bizcocho de yogur.

....

....

4. Te has levantado a coger una servilleta. Dale el mando a distancia a Juan, que quiere ver un programa de la televisión.

....

....

Aciertos: .... **de 4**

4. La oración causal.

Relaciona.

0. Como no firmamos un documento con todas las condiciones,

1. No he considerado conveniente avisarle de la reunión con el director general del banco

2. Me has dicho que hoy has comido en casa y no es verdad

3. La empresa farmacéutica TICO ha retirado su famoso protector de estómago

4. Ya que vas al Museo del Prado esta tarde,

5. Puesto que eres consciente de la gravedad del problema,

6. Como me encanta la excursión a las Hoces del Duratón,

7. Sonia prefiere ir al cine que al teatro

a. debido a que las sustancias empleadas en el fármaco han provocado efectos secundarios en algunos consumidores.

b. ¿podrías preguntar qué día termina la exposición de Velázquez?

c. porque dice que disfruta mucho más de las películas mientras se toma una bolsa enorme de palomitas.

d. he propuesto una salida para que los hijos de Luis y Nadia conozcan este paisaje segoviano.

e. hemos tenido que ir a juicio para repartir, a partes iguales, los beneficios de la compañía.

f. porque están todos los platos limpios y el lavavajillas está vacío.

g. ya que estaba usted de vacaciones y he pensado que no era adecuado molestarle, porque este encuentro, bien lo sabe usted, es un mero trámite.

h. ¿por qué no elaboras un informe con la solución que propones?

Aciertos: .... **de 7**

5. Una carta de reclamación.

Complétala con uno de los conectores.

debido a que	ya que	puesto que	como

A la atención del señor director del banco de Madrid, sucursal 321821:

Me dirijo a usted ....*ya que*.............. recientemente he recibido un extracto detallado del banco con los gastos del mes de enero en el que aparecen seis cargos efectuados mediante la tarjeta de crédito que, en ningún momento, han sido realizados por el titular de dicha tarjeta. .... tales disposiciones no han sido ejecutadas por mí, entiendo que ha podido existir un uso fraudulento de mi cuenta. .... no puedo comprender que, si no me han robado ni he perdido esta tarjeta, se hayan producido estos hechos, me veo en la obligación de exigirles una investigación inmediata. Asimismo, y .... su entidad está dotada de un seguro de responsabilidad previsto para estas situaciones, les solicito el reintegro del importe de los cargos realizados en el mes de enero sin mi consentimiento, 1653,28 euros, que deberán ser entregados en el plazo de diez días naturales. En caso contrario, me veré obligado a presentar la denuncia en la policía, entendiendo que .... se niegan a colaborar con el cliente es mi deber poner este problema en manos de la justicia.

Aciertos: .... **de 4**

Total de aciertos: .... **de 27**

EVALÚATE

Muy bien	Bien	Regular	Mal
○	○	○	○

TODO OÍDOS. Escucha el diálogo.

34

- ■ Hoy conoceremos las razones de la separación del grupo de pop DEMODA. ¿Por qué tanto secreto con vuestra separación?
- ● Quizá **porque** ya llevamos diez años juntos y había que intentar trabajar para conseguir nuevos retos. **Como** nuestro batería tocaba también en un grupo de *jazz* y siempre nos contaba que le iba estupendamente, hemos pensado probar suerte el resto.
- ■ A un oyente le interesaría, **ya que** vais a dejar de ser DEMODA, utilizar vuestro nombre para una empresa de ropa juvenil que ha creado con otros socios.
- ● Hombre, **puesto que** dejamos de ser DEMODA, el nombre ya no lo podemos utilizar nosotros en nuestra carrera en solitario. Pero el nombre sigue siendo nuestro.
- ■ ¿Volveréis a ser DEMODA algún día?
- ● Esto ya lo hemos hablado entre todos. **Como** nos ha ido tan bien estos diez años y **puesto que** hemos decidido separarnos de forma pacífica y con el visto bueno de todos los miembros del grupo, es posible que en algún momento DEMODA vuelva a ser el «número uno» de las radios y siga siendo el grupo favorito de tantos y tantos jóvenes, **porque** esta es la razón que nos une para seguir haciendo buena música.

Componentes:

Las oraciones condicionales

18

FORMA	USO
Si + presente de indicativo y presente de indicativo, futuro o imperativo; *si* + imperfecto de subjuntivo y condicional simple; *si* + pluscuamperfecto de subjuntivo y condicional simple o compuesto.	Para expresar una condición posible, poco probable o imposible en el presente o en el futuro, y para expresar una condición imposible en el pasado.

Me han ofrecido un trabajo, pero no sé si aceptarlo o no, porque **si** lo **acepto**, **tengo** que irme a vivir a Sevilla.

Pues yo, **si fuera** tú, lo **aceptaría,** no te vaya a pasar como con la otra oferta, que no lo aceptaste y ahora estás en paro.

Sí, es verdad. **Si** la otra vez **hubiera sabido** que no iba a encontrar trabajo tan fácilmente, lo **habría aceptado** y ya **estaría** trabajando.

35

FORMA

1. Condición real o de fácil cumplimiento

Si +	Presente de indicativo	Presente de indicativo (atemporal, habitual o futuro) Imperativo Futuro	El resultado se cumple fácilmente en el presente o en el futuro.
	Perfecto de indicativo		

Si acepto el trabajo, tengo que irme a Sevilla.

2. Condición irreal o de difícil cumplimiento

Si +	Imperfecto de subjuntivo	Condicional simple	El resultado se cumple difícilmente o no se cumple en el presente o en el futuro.

Si estuviera aquí Pedro, nos diría la verdad, él lo sabe.
Si tuviera su teléfono, lo llamaría.

introducidas por *si*

3. Condición hipotética en el pasado

Si +	Pluscuamperfecto de subjuntivo	Condicional compuesto Pluscuamperfecto de subjuntivo	Condición y resultado hipotético en el pasado.

- ■ *No viniste ayer a la fiesta.*
- ● *No lo sabía. Si lo hubiera sabido, habría ido.*

4. Condición imposible

Si +	Pluscuamperfecto de subjuntivo	Condicional simple	Condición en el pasado y resultado hipotético en el presente o en el futuro.

Si hubieras estudiado ayer, ahora estarías con tus amigos jugando, pero tienes que acabar la tarea.

USO

1. Con *si* + indicativo expresan una condición real o de fácil cumplimiento en el presente o en el futuro.
Si vienes a la fiesta, nos vemos.
Si me llamas, quedaremos.
Si sales a la calle, no te olvides de comprar el pan.

Se utilizan con el perfecto de indicativo si la condición es una acción pasada y la consecuencia es presente o futura.

Si has acabado el trabajo, entrégalo.

2. Con *si* + imperfecto de subjuntivo expresan una condición irreal o de difícil cumplimiento en el presente o en el futuro. Es muy utilizada para dar consejos o sugerencias y también para expresar deseos de difícil realización.

Si hoy fuera miércoles, no estaríamos en clase y podríamos jugar al fútbol, pero hoy es martes.
Sería estupendo si nos viéramos el próximo sábado.
Si estuviera aquí en julio, me iría con vosotros de vacaciones, pero no puedo, tendré que trabajar.

3. Con *si* + pluscuamperfecto de subjuntivo y el resultado con condicional compuesto expresan una condición hipotética y un resultado irreal o hipotético en el pasado. Se usan para presentar una realidad diferente o alternativa a lo que realmente pasó.

Si hubiera aceptado aquel trabajo, habría vivido en Roma durante un año.
Habría venido a ayudarte si lo hubiera sabido.
Si no te hubiera visto ayer, no me habría enterado de la fiesta.

4. Con *si* + pluscuamperfecto de subjuntivo y el resultado con condicional simple expresan una condición que no se cumplió en el pasado y el resultado hipotético del no cumplimiento de la condición en el presente o en el futuro. Es muy utilizada para hacer reproches o para hablar de deseos imposibles.

Si hubieras estudiado más, estarías ahora de vacaciones.
Si hubiera estudiado chino, ahora tendría ese trabajo.
Si hubieras estudiado más, mañana nos iríamos a la playa, pero tienes que quedarte a estudiar.

1. Condiciones reales.
Completa con la forma adecuada.

0. Si has acabado, ...*cierra*........... la puerta, por favor. **(cerrar)**

1. Tendrá que darse prisa si .... estar allí a las 15:00. **(querer)**

2. Si llueve, ... hoy en casa. **(quedarse - nosotros)**

3. Si nos llamas mañana, ... todos juntos a la exposición. **(ir - nosotros)**

4. Si todavía no ...., date prisa, que no llegamos. **(levantarse - tú)**

5. Si bebes, no ...., por favor. **(conducir - tú)**

6. Si .... esta mañana de viaje, no lo llames ahora, estará descansando. **(llegar - él)**

7. Si cocinas, ... la campana extractora para que no huela toda la casa. **(conectar - tú)**

Aciertos: .... **de 7**

2. Condiciones irreales o de difícil cumplimiento.
Completa con la forma adecuada.

0. No tendrías tanto sueño si ....*durmieras*..... suficiente por la noche. **(dormir)**

1. Le perdonaría con mucho gusto si no .... tanto, pero no puedo con los mentirosos. **(mentir)**

2. Si .... un viaje por España, visitaríamos las ciudades más bonitas del país. **(hacer)**

3. Si .... con los cursos de español, pasarías a un nivel C1. **(seguir)**

4. Si .... a verme, me darías una gran alegría. **(venir)**

5. Te ayudaría si tú .... **(querer)**

6. Te enfadarías si te .... algo que no te gustara. Te conozco. **(decir)**

7. Si .... un viaje en tren por Europa, ... comprarte el InterRail. **(hacer - tú, poder)**

Aciertos: .... **de 8**

3. Condiciones imposibles.
Relaciona.

0. Te habría llamado

1. Si hubieras venido a la excursión,

2. Te habría salido más barato

3. Habríamos ido a hacer senderismo

4. Si hubieras pedido la beca,

5. Te habría encantado Esther

6. Si hubieras hecho más deporte,

7. Si supiera que está en casa,

8. Si me hubieran perdido la maleta en el aeropuerto,

a. le haría una visita.

b. si hubieras comprado el billete en la Red.

c. si hubiera sabido que estabas aquí.

d. habrías conocido la ciudad de Segovia.

e. yo habría ido a la oficina de la compañía aérea.

f. no habrías engordado tanto.

g. si la hubieras conocido ayer. Es muy simpática.

h. te la habrían concedido.

i. si no hubiera llovido tanto el pasado sábado.

Aciertos: .... **de 8**

4. Tiempos verbales.

Marca la opción adecuada.

0. Si **fuera / sea** un animal, **sería / fuera** un delfín.

1. Si **harías / hicieras** deporte, **estarías / estuvieras** más delgado.

2. Llegarías a tiempo, si te **levantarías / levantaras** antes.

3. Si lo compraras en Internet, **pagarás / pagarías** menos.

4. Si me **habrías llamado / hubieras llamado**, **tendría / tuviera** los libros que me pediste preparados, ahora tengo que buscarlos y tardaré un poco.

5. Si nos **cambiaríamos / cambiáramos** de piso, **estaríamos / estuviéramos** más cerca de la universidad.

6. Si lo **hubiera pensado / habría pensado** bien, no habría cometido ese error tan tonto, pero estaba nervioso.

7. Si **pidieras / pidas** cita, te la **darían / dieran** sin ningún problema.

8. Si **hablará / hablara** bien español, **viajara / viajaría** por América del Sur.

9. Si lo **hubiera sabido / habría sabido**, habría ido en AVE a Toledo. Es mucho más rápido que el autobús, aunque más caro.

10. Si no te **hubieras entretenido / habrías entretenido** tanto, quizá **llegaríamos / llegáramos** a tiempo al teatro, pero creo que ahora es imposible.

Aciertos: .... **de 16**

5. ¿Qué habría pasado si...?

Completa con la forma adecuada del pluscuamperfecto de subjuntivo o del condicional compuesto.

0. Si ....*hubiera ido*........ la semana pasada a esquiar como quería, no habría conocido a Chelo, mi nueva novia. **(ir)**

1. Si no .... tiempo, no .... ayudarte. Menos mal que esta semana estaba de vacaciones. **(tener - yo, poder)**

2. No habrías reconocido a Penélope Cruz si no .... esa película. **(ver)**

3. Si .... a casa antes de comer, ... a Luisa, pero ya se ha ido. **(volver - tú, ver)**

4. No .... ese error si .... el diccionario. **(cometer - ella, consultar)**

5. .... Farmacia si no .... Medicina. **(Estudiar - yo, hacer)**

6. Si .... el metro, ... a tiempo, porque estábamos en un atasco increíble. **(tomar - nosotros, llegar)**

7. No se te ocurriría conducir si .... ¿Verdad? **(beber)**

8. Si no ...., ... visitar el parque arqueológico. **(llover, poder - nosotros)**

Aciertos: .... **de 14**

6. Más condiciones.
Selecciona el tiempo adecuado.

0. Si te .... Juan, no te puede gustar Pedro. Son tan diferentes...

    a. gusta   b. gustara   c. guste   d. gustaría

1. Si te gustaran los Vétales, no te .... los Rolling Stones, ¿no?

    a. hubieran gustado   b. gustarán   c. gustarían   d. gustaran

2. Si .... , recoge los libros.

    a. acabarás   b. acabarías   c. has acabado   d. hubieras acabado

3. Si hubieras ido al concierto de *Falla*, ahora .... *El amor brujo*.

    a. conocerás   b. hubieras conocido   c. conocerías   d. conoce

4. Si has acabado con el rotulador, ... la capucha, que se seca la punta.

    a. le pondrías   b. ponle   c. le pusieras   d. le pondrás

5. Si lo ...., no te lo preguntaría.

    a. sé   b. supiera   c. hubiera sabido   d. sabría

6. Si me .... el té, no habría pedido café.

    a. gustara   b. gustará   c. gustaría   d. gusta

7. .... tú en ese sitio si puedes. Para mí es demasiado pequeño.

    a. Aparca   b. Aparcarías   c. Hubieras aparcado   d. Habrías aparcado

Aciertos: .... **de 7**

7. ¿Condición imposible o condición hipotética en el pasado?
Completa con la forma adecuada del pluscuamperfecto de subjuntivo, del condicional compuesto o del condicional simple.

0. Si hubiera continuado estudiando chino, ahora ....*le darían*........ el puesto de trabajo. **(dar - él)**

1. Si hubiera hecho la compra ayer, no .... que salir ahora de casa. **(tener - yo)**

2. .... más tiempo para estar con su hijo las próximas vacaciones si no hubiera aceptado ese trabajo. **(Tener - ella)**

3. ¿Qué .... si os hubiera sonado el móvil en la conferencia? **(hacer - vosotros)**

4. Si me hubiera hecho caso, ahora .... más feliz. **(ser - él)**

5. Si .... el traje azul, estaría más elegante, le sienta fenomenal, pero se ha puesto el gris. **(ponerse - él)**

6. Si ayer no .... tanto, hoy .... comer en el jardín, pero vamos a tener que comer dentro. **(llover, poder - nosotros)**

7. Si no .... a Turquía hace unos años, ... con vosotros las próximas vacaciones. **(viajar - yo, ir)**

8. Si no .... la conferencia cinco minutos antes, no nos .... Fue una casualidad. **(acabar, ver - nosotros)**

Aciertos: .... **de 11**

8. Tus condiciones.

Completa con una de las siguientes frases en la forma correcta.

> Ponerse moreno - Comprar otra más moderna - ~~No sacar unas notas tan buenas~~ - Decírtelo - Hacer el trabajo más rápido - No estudiar castellano - Tener dinero - Tener un problema con el coche - Tener una profesión de riesgo - Tener vacaciones - Todos pensar en los demás

0. Si no hubiera estudiado, *....no habría sacado una nota tan buena.................*

1. Si tomara el sol, ...

2. Comería en un buen restaurante si ....

3. Llamaría a una grúa si ....

4. El mundo sería un lugar mejor si ....

5. Si fuera español, ...

6. Habríamos viajado a la India si ....

7. Si fuera bombero, ...

8. Si lo hubiera sabido, ...

9. Si se me estropeara la TV, ...

10. Si hubiera tenido un ordenador hace dos semanas, ...

Aciertos: .... **de 10**

Total de aciertos: .... **de 81**

EVALÚATE

Muy bien	Bien	Regular	Mal
○	○	○	○

36

TODO OÍDOS. Escucha el diálogo.

- ■ Hola, Juan. No viniste a la cena del otro día.
- ● No, no pude. ¿Qué tal lo pasasteis?
- ■ Fenomenal. **Si hubieras visto** a Manolito, te **hubieras muerto** de la risa.
- ● ¿Y eso?
- ■ Se puso a imitar a Valentín.
- ● ¿Y no se enfadó Valentín?
- ■ No, no, que va. Lo pasamos muy bien. Fue un momento de relajo.
- ● **Si no hubiera tenido** la presentación a las 8:30, **habría ido,** pero…
- ■ Claro, claro. Bueno, otra vez será.

Componentes:
Otras oraciones condicionales

19

FORMA	USO
Por si (acaso) con indicativo o subjuntivo; *siempre que, siempre y cuando, con tal de que, a condición de que, con que,* con subjuntivo; *salvo si, excepto si* con indicativo; *a no ser que* y *salvo que* con subjuntivo.	Para expresar condiciones causales, condiciones imprescindibles, condiciones mínimas o condiciones negativas para la realización de la acción.

¿Y no vienen a la excursión Juan y Cristina?

Sí, pero vienen mañana.

¿Y María?

Vendrá **a no ser que** siga enferma.

¿Está enferma? No lo sabía. La llamaré **por si** necesita algo.

Vale, a ver si hay suerte y nos juntamos todos el miércoles.

37

FORMA

Tipo de condición	Conector	Tiempo verbal	Ejemplos
Condición con valor causal	*Por si (acaso)*	Presente de indicativo	*Me llevo el paraguas **por si** llueve.*
		Imperfecto de subjuntivo	*Mañana me llevaré el paraguas **por si** lloviera.*
Condición imprescindible	*Siempre que Siempre y cuando Con tal de que A condición de que*	Presente de subjuntivo	*Aprobarás el examen **siempre que** estudies.*
		Imperfecto de subjuntivo	*Aprobarías el examen **siempre que** estudiaras un poco, pero eres muy vago.*
Condición mínima	*Con que Con (un) poco (de + nombre) que*	Presente de subjuntivo	***Con que** estudies un poco, aprobarás.*
		Imperfecto de subjuntivo	***Con que** estudiara un poquito más, sacaría una nota magnífica; pero no sé si tendrá tiempo.*
		Pluscuamperfecto de subjuntivo	***Con un poquito** más **que** hubieras estudiado, habrías sacado una magnífica nota.*
Condición negativa	*Salvo si Excepto si*	Presente de indicativo	*Salimos ahora mismo, **salvo si** falta alguien.*
	A no ser que Salvo que	Presente de subjuntivo	***A no ser que** falte alguien, salimos ahora mismo.*

USO

A. Por si

1. Expresa una causa probable como una justificación de lo que decimos o como una precaución por lo que puede o podría ocurrir.
*Llévate el paraguas **por si** llueve. Hoy está nublado.*
*Aunque ahora hace sol, llévate el paraguas **por si** lloviera más tarde.*

2. Se utiliza con presente de indicativo para expresar una condición real o probable en el presente o en el futuro.
*Me han dicho que a lo mejor viene a comer y, **por si** vienen todos, voy a comprar más comida.*

3. Se utiliza con imperfecto de subjuntivo para expresar una condición hipotética o poco probable en el presente o en el futuro.
*No creo que vengan a comer, están muy ocupados. Pero, **por si** vinieran, voy a comprar más comida.*

B. Siempre que, siempre y cuando, con tal de que, a condición de que

1. Expresan una condición imprescindible para que se cumpla la acción en el presente o en el futuro. Son similares a *si y solo si...*

2. Se utilizan con presente de subjuntivo para expresar una condición real o probable en el presente o en el futuro.
*Me iré de vacaciones **siempre y cuando** tenga tiempo.*
*Llévate el libro **con tal de que** me lo devuelvas antes del viernes.*

3. Se utilizan con imperfecto de subjuntivo para expresar una condición de difícil cumplimiento en el presente o en el futuro. La oración principal va en condicional.
*Ahora mismo me iría de vacaciones **siempre que** tuviera un par de días libres.*
*Te prestaría el dinero **a condición de que** me lo devolvieras en un par de días.*

C. Con que, con poco que

1. Expresan una condición fácil de cumplir.
*Podré terminarlo **con que** me des dos minutos más.*

2. Van con presente de subjuntivo para expresar la condición real en el presente o en el futuro.
*Lo acabas **con que** trabajes una hora más.*
***Con poco que** estudies, aprobarás el examen.*

3. Se utilizan con imperfecto de subjuntivo para expresar una condición de difícil cumplimiento en el presente o en el futuro. La oración principal va en condicional.
***Con que** estudiaras un poquito más, aprobarías el examen. ¿Lo harás?*
***Con un poco de paciencia que** tuvieras, mejoraría tu relación con él. Es un niño.*

4. Se utilizan con pluscuamperfecto de subjuntivo para expresar condiciones imposibles en el pasado. La oración principal va en pluscuamperfecto de subjuntivo o condicional compuesto.
***Con que** hubieras estudiado más, habrías aprobado el examen, pero te gusta demasiado salir por las noches.*

D. Salvo si, excepto si, a no ser que, salvo que

1. Expresan que el resultado no va a ocurrir si se cumple la condición, pero normalmente se va a cumplir.
*Iremos a hacer parapente, **excepto si** llueve.*
*Cenaremos todos juntos **a no ser que** Fernando no esté.*
*Vente con nosotros, **salvo que** tengas que trabajar hoy.*

2. *Salvo si* y *excepto si* se utilizan con presente de indicativo y *a no ser que* y *salvo que* con presente de subjuntivo para expresar una condición real, probable, en el presente o en el futuro.
*Cierra la puerta, **salvo si** vas a volver ahora mismo.*
*Cierra la puerta **a no ser que** vayas a volver ahora mismo.*

3. Se utilizan con imperfecto de subjuntivo para expresar condiciones de difícil cumplimiento en el presente o en el futuro. La oración principal va en condicional.
*Iría con vosotros, **salvo que** tuviera que ir a trabajar. Pero me temo que tendré turno de tarde.*
***A no ser que** hiciera un cambio de horario, no podría ir con vosotros a comer.*

Ejercicios

1. Las oraciones condicionales.
Relaciona.

0. Podemos ir a comprar por la mañana
1. Quedaríamos para estudiar juntos en mi casa
2. Me iría de vacaciones
3. Te compraré los libros
4. El sábado iré a lavar el coche
5. En la próxima reunión actuaremos como hemos decidido. De todas formas hablamos antes,
6. No lo habría hecho
7. Habría hablado español estupendamente
8. Votaremos las propuestas
9. Lo habría conseguido
10. Los bancos te prestan dinero

a. a condición de que lo devuelvas con intereses.
b. con tal de que estemos en casa a las 13:00 horas.
c. con que hubiera estado un mes más en México.
d. salvo que abrieran la biblioteca el domingo.
e. siempre que te los leas.
f. siempre y cuando tuviera más de cinco días libres.
g. a no ser que llueva, se ensuciaría otra vez.
h. salvo si todos estamos de acuerdo.
i. por si hubiera novedades.
j. con un poco más de suerte que hubiera tenido.
k. a no ser que se lo hubiéramos pedido.

Aciertos: .... **de 10**

2. Tipos de oraciones condicionales.
Lee el texto, marca las frases condicionales y relaciónalas con su significado.

> **SIEMPRE QUE TENGA TIEMPO LIBRE, EL TEATRO ES UNA BUENA OPCIÓN PARA EL FIN DE SEMANA.**
> La oferta es variada y numerosa. A menos que sea usted claustrofóbico y no pueda estar sentado durante una hora en una sala, no tendrá excusa para acercarse a uno de los muchos teatros que hay en nuestra ciudad. Con que dedique unos minutos a leer la cartelera, podrá programar una tarde de ocio instructivo solo o en compañía de sus amigos.

0. *Siempre que tenga tiempo libre.*
1. ....
2. ....

a. Mínima condición
b. Condición indispensable
c. Condición negativa

Aciertos: .... **de 2**

3. Los nexos condicionales.

Completa con el nexo condicional adecuado.

> Por si (2), con un poco que, salvo si, siempre y cuando (2), salvo que, con que,
> con un poco de suerte que, <u>siempre que</u>

0. El sábado jugaremos al fútbol .... *siempre que* .... tengamos la pista libre.

1. .... trabajes una tarde más, lo terminarás.

2. Esta noche puedes venir a la hora que quieras .... no hagas ruido.

3. Ahora estás cansado, pero .... descanses, te recuperarás.

4. Llévate el jersey .... hiciera frío.

5. Hemos decidido ir a Ibiza, ... tengáis una propuesta mejor.

6. No podremos acabar el trabajo a tiempo, ... nos echas una mano.

7. .... tengas, apruebas el carné de conducir a la primera.

8. Ten mi número de teléfono .... necesitas llamarme.

9. Llegaríamos a tiempo .... consiguiéramos un taxi.

Aciertos: .... **de 9**

4. Los nexos y el tiempo verbal.

Marca la opción adecuada.

0. Cualquier método es bueno a condición de que te .... a dejar de fumar.

    a. ayuda   b. <u>ayude</u>   c. ayudara   d. ayudará

1. Hemos preparado otra mesa por si .... falta. Quizá seamos tres más y no cabemos en una sola.

    a. haga   b. hará   c. habrá hecho   d. hiciera

2. Matilde se comporta bien con tal de que no la .... Es muy susceptible.

    a. provocaban   b. provoques   c. provocaras   d. provocas

3. Recoge la mesa y mete las cosas dentro de casa por si ....

    a. llueva   b. llueve   c. hubiera llovido   d. llovería

4. Hay que comprar hielo, salvo que .... en el otro frigorífico.

    a. hay   b. habría   c. haya   d. habrá

5. Puedes hacerlo como quieras con tal de que lo .... a tiempo.

    a. terminaras   b. termines   c. terminarás   d. terminas

6. Con poco que ...., será suficiente.

    a. harías   b. hubieras hecho   c. hagas   d. harás

7. Hazlo hoy por si mañana no .... tiempo.

    a. tendrías   b. hubieras tenido   c. tendrás   d. tuvieras

8. Puedes llevarte el libro a condición de que lo .... en diez días.

    a. devolverás   b. devuelvas   c. devolvieras   d. devuelves

Aciertos: .... **de 8**

5. La correlación de tiempos.

Completa con el verbo en la forma adecuada.

0. No es seguro, pero descansa, por si mañana ....*tienes*.................. que madrugar. **(tener - tú)**

1. Tendrás que buscar un trabajo para el verano, salvo si te .... la beca. **(conceder - ellos)**

2. Siempre y cuando .... las condiciones, habrá elecciones. **(garantizarse)**

3. Con poco que .... la ventana, se ventila la habitación. **(abrir - tú)**

4. Mónica es muy simpática siempre que no le .... la contraria. **(llevar - tú)**

5. Aceptaría sus disculpas simplemente con que .... sincero. **(ser - él)**

6. No cierres con llave, por si .... enseguida. **(volver - yo)**

7. Quedamos en que yo haría la comida a condición de que él .... los baños y no los ha hecho. **(hacer)**

8. Simplemente con que .... las instrucciones, habrías tardado menos en montar la estantería. Pero nunca las lees. **(seguir - tú)**

9. Habríamos ido al teatro siempre y cuando no te .... de comprar las entradas, claro; ayer ya no quedaban. **(olvidar - tú)**

Aciertos: .... **de 9**

6. Los nexos condicionales y la correlación temporal.

Selecciona el nexo condicional y pon el tiempo en la forma adecuada.

con tal de que (3), por si (2), con que (2), excepto que (4)

0. Me da igual cómo lo hagas ..*con tal de que tengas*... acabado el trabajo esta tarde. **(tener)**

1. Deja las llaves del coche aquí, ... luego. **(necesitarlo - yo)**

2. No estarán, ... esta tarde de viaje. ¿Sabes cuándo vuelven? **(volver)**

3. Simplemente .... esa palabra en el diccionario, habrías hecho bien el ejercicio. Era una palabra clave. **(buscar - tú)**

4. Yo en tu lugar comprobaría ese rumor, ... cierto. **(ser)**

5. No les dará tiempo a llegar, ... la fecha de vuelta. **(adelantar)**

6. Disfrutaremos mucho en la playa, ... el tiempo y llueva. **(cambiar)**

7. ...., habríamos terminado el proyecto a tiempo. **(ayudarnos - tú)**

8. Iré solo a Barcelona, ... venir tú conmigo. **(querer - tú)**

9. Podrías aprobar esa oposición .... la documentación a tiempo, claro. **(entregar - tú)**

10. .... a los ojos, sabrá que le estás diciendo la verdad. **(mirar, a ella - tú)**

Aciertos: .... **de 10**

7. **Para informarte de las condiciones de una hipoteca.**
Lee el texto y completa las informaciones de más abajo.

¿CÓMO TRABAJAMOS? ➡ Pasos para firmar tu hipoteca

Solicitud

Puedes enviar tu SOLICITUD de préstamo rellenando el formulario, o llamando directamente al 902 101 100 explicando el tipo de financiación que necesitas: nosotros te llamaremos y te pediremos los datos necesarios para hacer el estudio.

Desde el momento del envío de la solicitud y hasta la firma, conocerás, en tiempo real, el estado de tu solicitud de hipoteca: con tu usuario y contraseña podrás acceder a la op-

ción «Acceso clientes» y comprobar los trámites que estamos realizando.

¿CUÁNDO OBTENDRÉ RES-PUESTA A MI SOLICITUD?

En un plazo máximo de 24 horas (de lunes a viernes de 9:00 a 21:00) nos pondremos en contacto contigo para confirmarte las condiciones y solicitarte la documentación necesaria para la tramitación, pero también puedes llamarnos tú.

¿CÓMO PUEDO ESTAR SEGURO DE QUE LOS DATOS SERÁN TRATADOS CONFIDENCIALMENTE?

Todos los datos incluidos en la solicitud son encriptados con un usuario y contraseña que tú eliges, de modo que solo tú podrás acceder a ellos o las personas a quien tú autorices.

0. Nos pondremos en contacto contigo, con que ......*nos mandes tu solicitud*...... .

1. Recibirás una llamada para saber los datos que necesitan con que ....

2. Te harán un estudio de las necesidades de tu hipoteca siempre y cuando ....

3. Conocerás el estado de tu solicitud de hipoteca siempre que ....

4. Te llamarán para darte respuesta a tu solicitud, pero por si acaso ....

5. Nadie tendrá acceso a tu información, excepto que ....

Aciertos: .... **de 5**

Total de aciertos: .... **de 53**

EVALÚATE

Muy bien	Bien	Regular	Mal
●	●	●	●

🎧 38

TODO OÍDOS. Escucha el diálogo.

- ¿Y si salimos todos juntos el miércoles?
- Vale, **siempre y cuando** nos pongamos de acuerdo.
- ¡Ponernos de acuerdo! **Con que** dos estuviéramos de acuerdo, ya estaría contento. Pero ponernos los cinco de acuerdo… imposible.
- Bueno, a todos nos gusta el teatro.
- Vale. **Siempre y cuando** vayamos después a cenar. Ya sabes que Abel siempre tiene hambre.
- ¿Lo llamamos y se lo preguntamos?
- Vale, estará en casa **a no ser que** tenga clase.
- Vamos a ver.

Componentes:
Las oraciones consecutivas

FORMA	USO
De manera que, de modo que, de forma que, tan… que, con lo que, por lo que, por lo tanto, de este modo, por eso, por esto, así (es) que, por (lo) tanto, etc.	Para expresar las consecuencias o efectos de la oración principal.

¡Cariño, son casi las doce, **así que** trae las uvas, corre que las tengo que pelar!

Todos los años igual. Tienes **tantas** manías en Nochevieja **que** no acabarás a tiempo. Yo no soy supersticioso, **por eso** como aceitunas en Nochevieja, **y de esta forma** se acabó el problema.

FORMA

Tipo 1
Estos nexos expresan la consecuencia, el efecto o resultado de una circunstancia indicada en la oración principal.

por eso, así que, así (es) que, por (lo) tanto, por lo que, en consecuencia, (y) así, así pues, por consiguiente, con lo que, de modo / forma / manera que, (y) de este modo / forma / manera, consecuentemente, consiguientemente	+ verbo en indicativo / imperativo	*Ya es tarde, **de modo** que llamaré mañana. Hemos terminado, **por tanto** nos vamos. Me duele la cabeza, **así que** no grites.*
de ahí que, de aquí que	+ verbo en subjuntivo	*Va al gimnasio, **de ahí que** esté en forma.*

<table>
<tr><td colspan="3" align="center">**Tipo 2**</td></tr>
<tr><td colspan="3" align="center">Estos nexos expresan la consecuencia, el efecto o resultado del grado o
modo en que se realiza lo expresado en la oración principal.</td></tr>
</table>

tan + adjetivo / adverbio + *que* *tanto/a/os/as* + sustantivo + *que* verbo + *tanto que* *tal* + sustantivo + *que* *de tal (manera / forma / modo) que*	+ verbo en indicativo	*Es **tan** alto **que** llega al techo.* *Tiene **tantos** amigos **que** nunca está solo.* *Estudia **tanto que** aprobará todo.* *Tenía **tal** cansancio **que** me acosté sin cenar.* *Ronca **de tal manera que** asusta.*

*Es **tan** alto **que** llega al techo. = Es **muy** alto, **por eso** llega al techo.*
*Tiene **tantos** amigos **que** nunca está solo. = Tiene **muchos** amigos, **por eso** nunca está solo.*
*Tenía **tal** cansancio **que** me acosté sin cenar. =Tenía **mucho** cansancio, **por eso** me acosté sin cenar.*
*Ronca **de tal manera que** asusta. = Ronca **mucho** y **por eso** asusta.*
*Habla **de tal manera que** no oigo nada. = Habla **muy bajo** y **por eso** no oigo nada.*

USO

1. Expresan la consecuencia, el resultado o el efecto de una acción, circunstancia o cualidad indicada en la oración principal.

*Está nevando mucho, **de manera que** nos quedamos en casa.*
*He estudiado mucho, **por consiguiente** creo que aprobaré el examen.*
*Martina es **tan** alta **que** será jugadora de baloncesto.*
*Sabe **tantas** cosas **que** siempre aprendemos en sus clases.*
*El viernes es fiesta, **con lo que** tendremos que posponer la reunión.*
*Mi padre se llama Antonio, **de ahí que** yo me llame Antonio también.*

2. Los significados de la oración principal y de la subordinada mantienen una relación de causa-efecto o de explicación-deducción. Fíjate: si invertimos las oraciones, obtenemos una oración causal.

*Hace un frío tremendo, **así que** me llevo la bufanda y los guantes.*
*Me llevo la bufanda y los guantes **porque** hace un frío tremendo.*

3. No debemos confundir las oraciones consecutivas *(tan... que)* con las comparativas *(tan como)*.

*Es **tan** guapa **que** será modelo.* (No hay comparación).
*Es **tan** guapa **como** su madre.* (No se expresa ninguna consecuencia).

4. Tampoco debemos confundir oraciones consecutivas (*de modo / forma / manera que* + indicativo) con finales (*de modo / forma / manera que* + subjuntivo).

*Por la noche entro sin hacer ruido, **de manera que** nadie se despierta.* (Consecutiva).
*Por la noche entro sin hacer ruido, **de manera que** nadie se despierte.* (Final).

1. Los nexos consecutivos.

Relaciona las siguientes frases.

0. Me duele mucho la cabeza,

1. A mí me encanta el fútbol,

2. Hoy es fiesta,

3. Estoy a régimen,

4. Hago mi trabajo lo mejor que puedo,

5. Me voy a echar una buena siesta,

6. En esa tienda me trataron muy mal,

7. Quedan cinco minutos de clase,

8. El niño tenía mucha fiebre,

9. Su padre era de México,

10. Ya son las doce y estoy muerto de cansancio,

a. por consiguiente corregiremos los ejercicios mañana.

b. de forma que nadie puede criticar mi trabajo.

c. así que los domingos siempre veo algún partido.

d. en consecuencia no comeré muchas grasas.

e. de modo que me voy a dormir.

f. de modo que tendré que tomarme una aspirina.

g. de ahí que haya tan poco tráfico.

h. de ahí que hable tan bien español.

i. de manera que no volveré a comprar en ella.

j. con lo que nos asustamos mucho y lo llevamos al hospital.

k. por lo tanto apagaré el móvil hasta las seis.

Aciertos: .... **de 10**

2. La forma de las oraciones consecutivas (I).

Completa las oraciones consecutivas con los verbos del recuadro.

conozco	date	déjame	dormíamos	empezamos	ha venido
invitaré	llévate	pueda	saludo	tómate	

0. Clara está enferma, por eso no .... *ha venido* .... hoy.

1. Él no me dirige la palabra, así que yo tampoco lo ....

2. En mi clase hay demasiados estudiantes nuevos, consecuentemente no .... a todos.

3. Esa chica me cae fenomenal, es encantadora, así pues la .... a mi fiesta.

4. Estás muy constipado, así que .... una pastilla y a la cama.

5. Estoy muy enfadado contigo por lo que has hecho, por lo tanto .... en paz hasta que se me pase.

6. Las carreteras tienen nieve, así que .... las cadenas, por si acaso te hacen falta.

7. Llegaste tardísimo, de modo que .... sin ti la reunión.

8. Lloraba muchísimo de pequeño, con lo que no .... nada.

9. No tengo vacaciones en agosto, de ahí que no .... ir a la playa.

10. Tenemos que estar en el cine dentro de quince minutos, de manera que .... prisa, por favor.

Aciertos: .... **de 10**

3. **La forma de las oraciones consecutivas (II).**
Completa con el verbo en el tiempo y modo adecuados.

0. Ayer no tuve tiempo de hacer la maleta, de ahí que hoy no ....*tenga*............ preparado el equipaje. **(tener - yo)**

1. Me duele el estómago, por eso no .... comer nada. **(querer - yo)**

2. No tengo tu teléfono, de modo que no te .... llamar. **(poder - yo)**

3. Viven tan lejos de la facultad que nunca .... a tiempo. **(llegar - ellos)**

4. ¡Tienes fiebre, hijo! Así que .... en la cama ahora mismo. **(meterse - tú)**

5. Me ha dicho que ya le queda poco, así que .... salir temprano. **(poder - nosotros)**

6. Juan ha suspendido Matemáticas, de ahí que no .... venir a jugar. **(poder - él)**

7. El profesor de español habla tan rápido que no .... de nada. **(enterarse - yo)**

8. Me gusta mucho esta escritora, de ahí que .... tener todos sus libros. **(querer - yo)**

9. Estaba muy sola en Barcelona, así que .... marcharse de la ciudad. **(decidir - ella)**

10. Ayer hacía tal frío que no .... salir a la calle. **(poder - nosotros)**

Aciertos: .... **de 10**

4. **La forma de las oraciones consecutivas (III).**
Completa el verbo de la oración consecutiva y relaciona.

0. Cariño, estoy en una reunión y va a ser larga,

1. Ya hemos terminado de comer,

2. No me ha invitado a esa fiesta,

3. He estudiado mucho,

4. Paloma se ríe

5. Los coloqué por orden alfabético

6. Leía muchos libros de pequeña,

7. Ese cantante no canta, grita,

8. Por la noche entro sigilosamente,

9. Hay más dinero para todos

a. por tanto no me ....*esperes*............ despierta. **(esperar - tú)**

b. de modo que luego .... en una gran escritora. **(convertirse - ella)**

c. de forma que nos .... a todos su alegría. **(contagiar - ella)**

d. así es que .... la mesa, por favor. **(recoger - tú)**

e. de modo que todos .... ganando. **(salir - nosotros)**

f. de manera que .... un poco el volumen de la radio. **(bajar - tú)**

g. de manera que nadie .... **(despertarse - él)**

h. en consecuencia no ...., aunque me apetece mucho. **(ir - yo)**

i. por consiguiente creo que .... el examen. **(aprobar - yo)**

j. de forma que ahora .... bien ordenados. **(estar - ellos)**

Aciertos: .... **de 9**

5. Nexos intensificadores (I).
Marca la opción correcta.

0. Cuando vuelvo del gimnasio, tengo **tan / <u>tanta</u>** hambre que devoro la cena.

1. Era **tal / tan** guapo que las chicas le echaban piropos.

2. Es **tanto / tan** pesado que nadie le aguanta.

3. Es una niña **tanto / tan** guapa que todo el mundo se vuelve para mirarla.

4. Gasta **tan / tanto** dinero que acabará con la fortuna de su familia.

5. Había **tanta / tantas** gente que no cabíamos en la sala.

6. Le gustó **tanta / tanto** la tortilla que se la comió toda.

Aciertos: .... **de 6**

6. Nexos intensificadores (II).
Completa las frases con el nexo del recuadro adecuado.

tan (2), tanta, tanto (2), tantos, tal (2)

0. Tenía ....*tal*........cansancio que me acosté sin cenar.

1. Mi hijo tiene .... juguetes que no sabe con cuál jugar.

2. Eva come .... que se va a poner como una foca.

3. Viven .... cerca de casa que vienen todos los días a tomar café.

4. Le quiero .... que no puedo dejar de pensar en él.

5. Es .... guapo que todavía no me creo que yo le guste.

6. Tenía .... tensión de nervios que casi me da un infarto.

7. Me dio .... pena el reportaje que me puse a llorar.

Aciertos: .... **de 7**

7. ¿Consecutivas o finales?
Marca si las siguientes oraciones son consecutivas (C) o finales (F).

	C	F
0. Cuando llegué era tarde, de modo que me acosté.	☒	☐
1. Lo cerraré de manera que nadie pueda abrirlo.	☐	☐
2. Hay que informar de forma que todo el mundo entienda el mensaje.	☐	☐
3. Todos somos distintos, de modo que existen tantos caracteres como personas.	☐	☐
4. Sentaos de forma que estéis tres en cada fila.	☐	☐
5. Vive de manera que puedas mirar a los ojos a todo el mundo.	☐	☐
6. El horario es flexible, de modo que cada trabajador elige el turno que más le conviene.	☐	☐
7. Es un hombre muy diplomático, de modo que no discute con nadie.	☐	☐
8. Estudia tres horas diarias, de manera que aprobará el examen.	☐	☐

Aciertos: .... **de 8**

8. **Para entender bien un texto sobre el cambio climático y sus consecuencias.**
Relaciona cada dato con sus consecuencias.

Texto adaptado de *http://www.ecologistasenaccion.org*

http://www.ecologistasenaccion.org

0. Aumento de temperaturas de 0,4°C cada década en invierno y 0,7°C cada década en verano,

1. Aumento de una media de 50 centímetros el nivel del mar,

2. Reducción de la productividad de las aguas marinas,

3. Aumento de la desertificación por la pérdida de propiedades de los suelos y

4. Disminución de las lluvias, sobre todo en primavera y en verano,

a. **consecuentemente,** habrá más sequías, **de modo que** se producirá la «aridización» del sur del territorio y la «mediterraneización» del norte del territorio, **en consecuencia** habrá una disminución de un 20% del agua disponible hacia finales de siglo XXI.

b. **por tanto** habrá un mayor riesgo de plagas y enfermedades forestales.

c. **así que** se perderán muchas playas, sobre todo en el Cantábrico. ¡Una pena!

d. **de manera que** al final del siglo XXI la temperatura habrá aumentado entre 5 y 7°C en verano y entre 3 y 4°C en invierno.

e. **por tanto** disminuirá la pesca.

Aciertos: .... **de 4**

Total de aciertos: .... **de 64**

EVALÚATE

Muy bien　　Bien　　Regular　　Mal

TODO OÍDOS. Escucha el diálogo.

40

- ¡Ay! Estoy **tan** cansada **que** me voy a la cama sin cenar. Así que dame un besito que me voy.
- Lo dices **de tal manera que** no te voy a convencer con una cenita en el chino de la esquina, ¿verdad?
- No te molestes. No, no voy, **de modo que** no insistas.
- Bueno, pues yo sí que cenaré algo, **con lo que** me visto en un momentito y me bajo.
- Como quieras, además tengo **tanto** sueño **que** no podría comer con palillos… Que te aproveche, cariño.
- Gracias, que descanses.

Las oraciones comparativas

21

FORMA	USO
Tan... como, lo mismo que, igual que, más que, el... de, menos que, superior a, inferior a, la mitad, x veces, más / menos que, no más que, nada más que.	Para comparar entre sí dos conceptos.

¿Visteis la gala de los premios Goya de cine?

Sí, sí. Y no me pareció **tan** aburrida **como** dijiste. Creo que fue **menos** espectacular **que** los premios Óscar y **más** corta **que** la entrega de los premios Max, de teatro.

Claro, porque retransmitieron solamente **la mitad de** la gala. Vimos **nada más que** cincuenta minutos y la gala duraría seguramente tres **veces más que** lo que se pudo ver en televisión. Creo que fue **lo mismo que** ocurrió con los Óscar.

No, no fue **igual que** en los Óscar. En Estados Unidos retransmitieron la gala con unos segundos de retraso. No fueron **más que** cinco segundos, el tiempo suficiente para que la gala no contara con ningún imprevisto.

41

FORMA

1. De superioridad	Más... que El que más / El... de Superior... a El doble que / x veces más que	*Soy **más** ordenado **que** Juan, **el mayor de** los hermanos de Silvia.* *Miguel es **el que más** sabe de fiscalidad **de** todos mis amigos y por eso nos hace la declaración de la renta.* *Tu casa vale hoy **seis veces más que** el día que la compraste.*
2. De inferioridad	Menos... que Inferior... a La mitad que / x veces menos que	*Desde que han puesto el servicio de vigilancia, Laura tiene **menos** miedo **que** antes a que entren a robar en su casa.* *Tu oficina tiene **la mitad** de metros **que** la mía. Menos mal que por fin os habéis cambiado de edificio.*
3. De igualdad	Tan... como Tanto/a/os/as... como Lo mismo que Igual que / Igual de... que	*Tenéis que hacer **lo mismo que** ayer: calentamiento de piernas y brazos. Luego comenzamos el partido.* *Pablo es **tan** dulce **como** su padre. Siempre se dirige a la gente con una sonrisa.*
4. De cantidad	No más / menos que Nada más / menos que	*Esta es mi última oferta. **Nada más y nada menos que** dos mil euros.* ***No** habló **más que** lo imprescindible y escuchó con sumo interés.*

(Ver tema 7 y 8 del nivel A2 y tema 16 del nivel B1)

USO

A. Oraciones comparativas de superioridad

1. *Más que* se utiliza en comparaciones que marcan la cantidad, la cualidad o la intensidad de una acción. Puede acompañarse de nombres, adjetivos, verbos o adverbios.
*Carlos ha gastado **más** dinero **que** yo esta noche en el casino.*
*Ana es **más** inteligente **que** Sara. Eso es lo que dice su madre.*
***Más que** correr, prefiero perder el tren.*
*Rocío resuelve las ecuaciones **más** rápidamente **que** su padre.*

2. *El que* se utiliza en comparaciones que marcan la intensidad o frecuencia de una acción.
***El que** más corra es el que ganará la carrera.*
*Mira, mi hijo es **el que** más corre de todos. El de la camiseta azul.*

3. *Superior a* expresa una comparación de superioridad entre dos elementos.
*Una moto Honda de 250 cc es **superior a** una Vespa.*
Va acompañado de un complemento introducido, normalmente, por la preposición *en*.
*El hombre es **superior**, en inteligencia, **a** la máquina.*

4. Superlativos con complementos introducidos por *de*. Están formados por expresiones como: *el mejor de, el primero de, el doble de,* etc.
*Yago Lamela es **el mejor** atleta de salto **de** longitud en pista cubierta.*

B. Oraciones comparativas de inferioridad

1. *Menos... que* se utiliza en comparaciones que marcan la cantidad, la cualidad o la intensidad de una acción. Puede acompañarse de nombres, adjetivos o adverbios.
*He gastado **menos** dinero **que** Carlos esta noche en el casino.*
*Sara es **menos** inteligente **que** Ana. Eso es lo que dice la madre de Ana.*
*El padre de Rocío resuelve las ecuaciones **menos** ágilmente **que** su hija.*

2. *Inferior a* expresa una comparación de inferioridad entre dos elementos.
*En cuestión de cilindrada, una Vespa es **inferior a** una moto Honda de 250 cc.*
Va acompañado de un complemento introducido, normalmente, por la preposición *en*.
*La máquina es **inferior** en inteligencia **al** hombre.*

3. Hay otras expresiones como *la mitad que,* x *veces menos que* (también en grado superlativo, x *veces más que),* etc.
*Se esfuerza **la mitad que** tú, pero consigue un resultado **tres veces más** satisfactorio.*

C. Oraciones comparativas de igualdad

1. *Tan... como* se utiliza en comparaciones de cualidades. Puede ir acompañado de adjetivos, adverbios o cuantificadores.
*Es **tan** aplicado **como** su madre y estudia **tan** concienzudamente **como** su padre, pero es **tan** poco eficaz **como** yo.*

2. *Tanto/a/os/as... como* se utiliza en comparaciones de cantidad y va acompañado de un nombre.
*He comido **tantos** pasteles **como** los demás invitados.*

3. *Tanto* (invariable) expresa la intensidad o frecuencia.
*Se ha esforzado **tanto como** Laura para conseguir el premio.*

4. *Lo mismo que* e *igual que* se utilizan en comparaciones de modo.
*Hace **lo mismo que** tú, pero con más educación.*
*Liberto es **igual que** su abuelo. Ha heredado sus mismos ojos.*

5. Oraciones comparativas de cantidad.
No más que / nada más que expresan una comparación con cantidades.
■ *Hoy han empezado las rebajas y aún está el vestido que tanto te gusta. Cómpratelo. **No** cuesta **más que** lo que habías pensado gastar. Son treinta euros.*
● *¿**Nada más que** treinta euros?*

Ejercicios

1. La forma de las oraciones comparativas.
Ordena las siguientes frases.

0. más / que / las cosas / tengo / claras / tú./ olvides / No / que
   No olvides que tengo las cosas más claras que tú.

1. los platos. / Me gusta / que / ir a un restaurante, / tenga que / fregar / aunque luego / comer en casa / mucho más

2. unos zapatos más bonitos / Eva me prestó / los pies / porque ayer / Todavía me duelen / pero mucho más incómodos. / que los que yo tenía preparados

3. es / me habías dicho. / gustos diferentes / Joaquín / más atractivo / Creo que tenemos / de lo que tú / porque

4. que el suyo. / que el de / es mucho mejor / corre / el doble / Tu coche / mi tío Juan / porque

5. que llorar. / más vale / nos dicen que / Desde pequeños / reír

6. la música suena / Me encanta / mil veces mejor / que en casa. / a escuchar / ir al auditorio / conciertos / porque

Aciertos: .... **de 6**

2. Las oraciones comparativas en frases hechas y refranes.
Relaciona los refranes y frases hechas con su significado.

0. Eres más bueno que el pan.

1. Más vale tarde que nunca.

2. Al mal pagador, más vale darle que prestarle.

3. Está más claro que el agua.

4. Más vale maña que fuerza.

5. Estás más sordo que una tapia.

6. Más sabe el diablo por viejo que por diablo.

7. Es más listo que el hambre.

8. Más vale pájaro en mano que ciento volando.

9. Más vale solo que mal acompañado.

a. Es mejor ser habilidoso que tratar de solucionar un problema por la fuerza.

b. En la vida, la experiencia es muy importante.

c. Es mejor aceptar lo que se tiene que esperar a lo que pueda llegar.

d. Una persona muy humana y caritativa.

e. Una persona muy sabia, ingeniosa.

f. La soledad es preferible a una mala compañía.

g. Es mejor llegar con retraso que no llegar.

h. Seguro que no necesita ninguna explicación.

i. No oyes nada.

j. Es mejor olvidarse del dinero dejado en préstamo a alguien que no lo suele devolver.

Aciertos: .... **de 9**

3. Comparaciones de igualdad.

Completa el diálogo con uno de los nexos.

tan... como	tanto/a/os/as... como	igual que	lo mismo que

Hija: Mamá, me voy. No me esperes para cenar.

Madre: ¿No te encontrabas tan mal del estómago?

Hija: Pues _igual que_ siempre. Intentaré no comer .... picante .... la semana pasada en aquel restaurante mexicano al que creo que no podré volver.

Madre: Si cenas fuera, no te sentará .... bien la comida .... en casa.

Hija: Ya, mamá, es .... me dijiste la semana pasada y la anterior.

Madre: Exacto. Lo repito .... hoy .... mañana, ... lo repetiré dentro de tres meses. ¿Te ha quedado claro?

Hija: .... claro .... el agua, mamá. Por cierto, ¿me hiciste las fotocopias?

Madre: Te hice .... me dijiste. Creo que cincuenta, ¿no? Ay, ¿qué harías tú sin mí?

Hija: ¿Y qué harías tú sin mí?

Madre: Pues .... ahora, pero peor acompañada.

Aciertos: .... **de 12**

4. Compara estos anuncios.

Forma frases con *el que.*

> Pareado. 250 m². Siete habitaciones, cuatro baños, dos cocinas. Zona: Moralzarzal. 420.000 euros.

> Dúplex. 60 m². Una habitación, un baño, una cocina. Zona: Chamberí. 390.000 euros.

0. **+ Amplitud:** *El que más metros tiene es el pareado.*

1. **– Precio:** ....

> Seat Ibiza. Año 1995. Buenas condiciones. 30.000 kilómetros. 3.000 euros.

> Audi A3. Año 2004. Perfectas condiciones. 12.000 kilómetros. 10.000 euros.

2. **+ Calidad:** ....

3. **– Kilometraje:** ....

Aciertos: .... **de 3**

5. **Si vas a hacer un Erasmus a Cádiz...**

Completa la carta de un ex alumno de Erasmus e infórmate.

más... que / menos... que / igual que / el... de / no más que / nada más que

Estudiantes Erasmus:

Me han pedido que os escriba una carta, ...*igual que*..... hicieron conmigo el pasado año, y así daros algún consejo para el que, sin duda, va a ser .... mejor año .... vuestra vida.

Posiblemente tenga .... experiencia .... vosotros en vivir en una ciudad como Cádiz, pero .... cualquier habitante de esa maravillosa ciudad. Así que seguid mis consejos .... debéis seguir los consejos que os den vuestros amigos gaditanos.

Cádiz seguramente tenga .... edificios históricos .... la ciudad de la que tú vienes. En el centro de la capital hay .... tres aparcamientos subterráneos, seguro que .... en tu ciudad. La razón es sencilla: cada vez que se proponen hacer una obra, aparecen restos arqueológicos. Por eso hay mucho tráfico porque hay .... coches .... aparcamientos.

.... en muchas ciudades de España, en Cádiz seguramente haya .... sol .... en tu ciudad. Mi consejo es que lo aproveches en la calle, escuchando y hablando con la gente, probando unas buenas tapas típicas en una terraza. Estoy seguro de que no vas a aprender .... en tus clases .... en las calles, es una parte importante de tu vida de Erasmus.

No sé si os dejo con .... dudas .... antes o .... satisfechos .... cuando recibisteis la noticia de que os ibais a Cádiz.

.... hicieron conmigo, os dejo mi número de teléfono para que me llaméis si os hace falta. Mucha suerte.

Un saludo,

Hans Kristiansen

Aciertos: .... de 22

6. **Infórmate de las rebajas.**

Compara los precios. Utiliza *el doble / la mitad, X veces menos que.*

Rebajas

Jerseys, antes a 60 €, ahora a 30 €   **0.** *Los jerseys cuestan la mitad que antes.*...................

Vestidos, antes a 99,90 €, ahora a 49,95 €   **1.** ....

Pantalones, antes a 35,99 €, ahora a 6 €   **2.** ....

Cinturones, antes a 25 €, ahora a 50 €   **3.** ....

Bolsos, antes a 150 €, ahora a 25 €   **4.** ....

Aciertos: .... de 4

7. Redactas un texto informativo.

Completa el proyecto Expocio.

> lo mismo que / tantos como / veces más que / tan... como / el doble /
> igual que / superior / superior a

Ayer tuvo lugar la presentación del proyecto Expocio, un edificio tres ....*veces más*.... [0]

amplio .... [1] la Casa de la Cultura de Salamanca y .... [2] en

número de salas y actividades .... [3] centro anterior.

El nuevo edificio no es .... [4] elegante .... [5] el antiguo, un

palacio renacentista del siglo XVI, pero cuenta con .... [6] de aulas con res-

pecto al inmueble anterior, distribuidas en siete plantas, ... [7] que el anti-

guo edificio, y un salón de actos muy .... [8] en número de butacas.

La presentación del proyecto ha contado con .... [9] apoyos

.... [10] críticas, ... [11] ocurrió hace tres décadas, cuando el

ayuntamiento de Salamanca inauguró la Casa de la Cultura que, a partir del mes que vie-

ne, quedará en desuso.

Aciertos: .... **de 11**

Total de aciertos: .... **de 67**

EVALÚATE

Muy bien	Bien	Regular	Mal
○	○	○	○

TODO OÍDOS. Escucha el diálogo.

42

Periodista: Hoy tenemos con nosotros a Rafa Nadal. Hola, Rafa, ¿cómo te has sentido esta tarde en la pista?

Rafa Nadal: La verdad, no he estado **tan** cómodo **como** otras veces. Quizá haya hecho un esfuerzo **superior** al que podía hoy, después de mi lesión de tobillo, y me he visto, al final del partido, con **menos** aguante **que** ayer.

Periodista: ¿Cómo has encontrado a tu contrincante, Roger Federer?

Rafa Nadal: Lo he encontrado brillante, **igual que** en su último partido contra el tenista argentino. Es un honor para mí jugar contra él, **el mejor de** los tenistas en el césped, y **el que más** fuerzas me da para seguir trabajando duro y para luchar en la pista.

Periodista: ¿Cómo ves tu futuro, Rafa?

Rafa Nadal: **Menos** dificultoso **que** ayer, pero **más** duro **que** mañana.

Componentes:

Las oraciones adversativas y

22

FORMA	USO
Sino, sin embargo, no obstante; aunque, a pesar de, tanto si... como si, por más / mucho / poco que, y eso que.	Para expresar oposición o contraste.

> Mañana tengo el examen de la oposición y, **por más que** guardo reposo, la fiebre sigue siendo alta. No estoy seguro de que vaya a recuperarme para mañana, **y eso que** estoy tomando antibióticos.

> ¿Y te vas a presentar al examen **aunque** estés enfermo?

> Claro que sí. **Tanto si** tengo fiebre **como si** no la tengo, yo mañana me presento. No es que me preocupe ir enfermo, **sino** responder peor de lo que estoy preparado, **a pesar de que** llevo un año entero estudiando para esta oposición.

43

FORMA

Adversativas	*Pero / sino* *Sin embargo / no obstante*	
Concesivas	*Aunque* *A pesar de (que)* *Por mucho / más / poco / que* *Tanto si... como si...*	+ indicativo / subjuntivo
	Y eso que	+ indicativo

(Ver tema 22 del nivel B1)

USO

1. Las oraciones adversativas y concesivas expresan una oposición o contraste con respecto a la oración principal. Estas oraciones no suponen un impedimento para cumplir la acción.
*He venido a verte bailar, **aunque** sé que no te gusta tener público en tus ensayos.*

2. En el caso de las adversativas, se produce una oposición *(Tengo mis razones para actuar así. No obstante, consideraré su propuesta)* mientras que en las concesivas, se acepta la información como un posible obstáculo que no impide la acción. *(Aunque me gusta el sabor de tu receta de castañas, prefiero la mía: con anís y azúcar).*

A. *Sino*

Se utiliza para matizar o corregir una información aludida anteriormente. Aparece en frases negativas.
***No** es que me enfade **sino** que me irrita cuando habla.*

concesivas

B. No obstante

Aparece en la segunda parte de la oración para matizar una idea ya mencionada. Se utiliza especialmente en un contexto más formal en la lengua oral y escrita.

He revisado su trabajo y sus opiniones me parecen muy fundadas. **No obstante,** *estoy muy en desacuerdo con ellas.*

C. Aunque

Expresa una objeción que no impide el cumplimiento de una acción.

1. Se utiliza con indicativo cuando presenta un hecho nuevo.

Aunque tengo alergia al polen, te acompaño mañana a tu casa de campo para ayudarte con la mudanza.

2. Se utiliza con subjuntivo cuando se presenta una información conocida tanto por el hablante como por el interlocutor.

*Sé que no te gusta mi jefe, pero, **aunque** no te guste, tenemos que ir esta noche a cenar con él.*

D. A pesar de (que)

Expresa una acción que se produce incluso con una dificultad que podría provocar su incumplimiento. Puede aparecer seguido de:

a) Un sustantivo o pronombre: *A pesar de él, mi vida continúa.*

b) Una oración de infinitivo, cuando el sujeto de las dos oraciones es el mismo: *A pesar de llevar bastón, me canso mucho al caminar.*

c) Un verbo en indicativo, cuando se presenta una información nueva: *A pesar de que me he tomado un calmante, todavía me duelen las cervicales.*

d) Un verbo en subjuntivo para debatir sobre una información ya conocida.

■ *El Madrid ganará la Copa, ya lo verás.*

● *Pues **a pesar de que** digas que ganará el Madrid, sigo convencido de que están jugando peor que el año pasado.*

E. Tanto si... como si...

Expresa dos alternativas que suponen una misma conclusión. Esta conclusión se produce independientemente del contenido de la oración concesiva.

*Tanto si vienes **como si** no vienes, yo esta tarde me voy al cine.*

F. Por más / mucho / poco que

Marcan el incumplimiento de un hecho, a pesar de la insistencia que se expresa con la oración concesiva.

Por más que te avisé, caíste de nuevo en sus engaños.

1. Se utilizan con indicativo cuando se expresa una objeción real.

Por más árboles que planta, su jardín parece un desierto porque es enorme.

Por más que lo intenta mejorar, su jardín sigue pareciendo un desierto.

2. Se utilizan con subjuntivo para expresar situaciones hipotéticas.

Por más árboles que plante, su jardín parece un desierto porque es enorme.

Por más que lo intente, su jardín sigue pareciendo un desierto.

G. Y eso que

Va seguido de indicativo y expresa, de forma enfática, una información. Se utiliza especialmente en la lengua oral y la oración concesiva suele ir colocada en segunda posición.

*Voy andando a trabajar, **y eso que** vivo a cinco kilómetros.*

1. Las oraciones concesivas y adversativas.
Relaciona.

0. Esta máquina no funciona bien, tanto si anda como si

1. Por mucho tiempo que ensaye,

2. Aunque me lo repita,

3. Debo agradecerle

4. A pesar de su insistencia,

5. No quiero discutir contigo,

6. Aunque me encanta escucharos,

7. No estoy en buena forma,

8. Por poco que

9. A pesar de que le regaño,

a. y eso que voy al gimnasio una hora al día.

b. le quiero más que a nadie en el mundo.

c. tengo que dejaros. Voy a recoger al niño.

d. no cedí a ninguna de sus peticiones.

e. por más que tú quieras.

f. estudie, aprobará. Es muy inteligente.

g. sus ideas. No obstante, prefiero las mías.

h. no lo voy a entender. Es complicadísimo.

i. no anda, hace mucho ruido.

j. el violín sigue desafinando.

Aciertos: .... **de 9**

2. ¿Oraciones concesivas o adversativas?
Completa con *aunque, a pesar, no obstante* o con *sino*.

0. No entiendo cómo ha tenido valor para mostrar esos documentos. *No obstante* ...., admiro verdaderamente su coraje.

1. Estoy con Lara esperando en la parada, ... sabemos que hoy hay huelga de transportes.

2. .... de ver en las noticias que hay huelga de transportes, he quedado con Laura para ir en tren a trabajar.

3. .... ellos me avisaron, no les hice caso y tropecé de nuevo con la misma piedra.

4. No es que no te quiera, ... que no creo que podamos estar juntos por mucho tiempo.

5. Me gusta ir al norte a visitar a tus primos .... del frío y la lluvia.

6. Quiero decirte que, ... me prometas que no volverás a marcharte, he decidido no volver a verte nunca más.

7. Creo que no es por el color .... por la estructura de la casa por lo que no termina de gustarme.

8. Me veo en la obligación de requisarle estas joyas durante dos meses. ...., al término de este tiempo, podrá venir a recogerlas sin ningún inconveniente.

9. .... de todo, Luis es mi hijo y debo perdonarle. Tendré que hablar seriamente con él para que no vuelva a hacerlo.

10. No es un amigo mío, ... que es un conocido, pero le tengo cariño.

Aciertos: .... **de 1(**

3. Los conectores concesivos y adversativos.
Marca la opción correcta.

0. Voy a regalarle un libro de cocina india, **por mucho que / y eso que** tiene ya uno.

1. Ha venido el tío de Luis a darle clase. **Por poco que / A pesar de** estudie, aprobará mañana el examen de Matemáticas.

2. **No obstante / Tanto si** llega a las tres como si no, yo empiezo a comer porque tengo que irme a trabajar después y, si le espero, llegaré tarde.

3. Leticia no quiere hablar contigo, **por más que / sino** insistas. Te recomiendo que le escribas un correo electrónico. Quizá te responda.

4. ¡No me lo puedo creer! **Y eso que / A pesar de** su edad, sigue corriendo por la playa dos kilómetros cada día y bañándose en el mar hasta en invierno.

Aciertos: .... **de 4**

4. ¿Quién dice estas frases?
Relaciona.

0. «Aunque sean las cinco de la mañana, llámame y te voy a buscar».

1. «Tanto si están en Castilla y León como en el País Vasco, abríguense mañana. Nos espera un día frío con temperaturas por debajo de los tres grados».

2. «Por mucho que trabaje, esta casa no estará terminada antes del mes de abril».

3. «Llegaremos en hora, a pesar de los inconvenientes sufridos en el despegue».

4. «No abandone el país bajo ninguna circunstancia. No obstante, en una situación de extrema necesidad, contacte con nosotros y le daremos las instrucciones pertinentes».

5. «Dejo el puesto, no por usted, sino por el volumen de trabajo. Yo no puedo dedicarme a solucionar su agenda si antes no soluciono los problemas de mi casa».

6. «He abandonado su caso. No obstante, le asignarán a un compañero de mi mismo bufete».

7. «He venido en bicicleta desde el pueblo a entregarle este paquete, y eso que está a diez kilómetros de aquí».

8. «Por más que lo intento, no consigo que entienda las fórmulas químicas».

a. Un meteorólogo

b. Un padre a su hija

c. Un piloto de avión

d. Una secretaria

e. Un policía

f. Un abogado

g. Un profesor

h. Un cartero

i. Un obrero

Aciertos: .... **de 8**

5. **Para entender a dos amigos que están esquiando.**
Completa el diálogo con el verbo en la forma adecuada.

ELLA: Me encanta esquiar por nieve virgen, aunque siempre ....*es*............ difícil encontrarla.
(0)
(ser)

ÉL: Sí. No obstante, siempre que venimos a esta estación, la ....(1)........................ . **(encontrar)**

ELLA: Es cierto, por más gente que ....(2)........................, da gusto esquiar. **(haber)**

ÉL: Sí, aunque ....(3)........................ que tener cuidado cuando hay demasiada gente para no tener
ninguna lesión. Tanto si ....(4)........................ con atención como si no, es difícil disfrutar.
(haber, esquiar)

ELLA: ¡Venga, no seas exquisito! A pesar de ....(5)........................ esos inconvenientes, esto es un
lujo. No porque lo diga yo, sino porque ....(6)........................ de una verdad que todo el mundo sabe. **(tener, tratarse)**

ÉL: Cuidado con los árboles que, aunque ....(7)........................ mucho, esto de hablar y esquiar al
mismo tiempo no se te da muy bien. **(pensar)**

Aciertos: .... **de 7**

6. **Para entender bien la rueda de prensa de Pau Gasol tras su último partido.**
Ordena las frases.

1. antes de comenzar / Buenos días / en Memphis, Tennessee / querría agradecer / esta rueda de prensa /
a los medios de comunicación españoles / aunque ya he hablado individualmente con cada uno de vosotros / presentes hoy aquí / vuestra importante labor durante este Mundial de baloncesto
....
....

2. al final hemos conseguido ganar / y aunque en un principio nos haya fallado la táctica prevista / a pesar
de los golpes que hemos recibido / El partido ha sido muy emocionante / para anotar los puntos que
necesarios
....
....

3. especialmente en el último cuarto, / a pesar de tener en el banquillo a su mejor pívot / ha sido el momento en el que mejor han jugado nuestros rivales / El partido ha ido muy bien, / y eso que
....
....

4. tanto si me renuevan el contrato para la próxima temporada como si no, / No quiero despedirme / Quiero además, / agradecer al público / sino decir, espero, hasta pronto / su lealtad durante todos estos
meses
....
....

Aciertos: .... **de 4**

7. Para entender bien un anuncio.

Completa el anuncio con las expresiones y los verbos en la forma correcta y conoce la oferta.

Sino	Tanto si (querer)... como si (querer)	No obstante
A pesar de que (poder)	Por mucho que (gustar)	Aunque (creer)

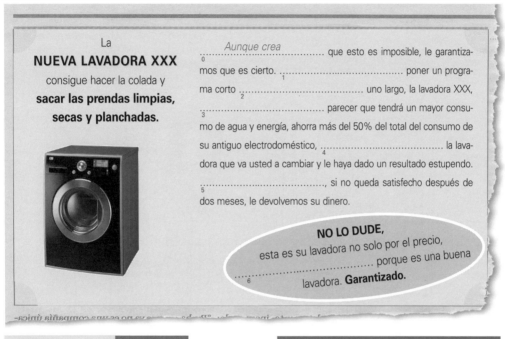

La

NUEVA LAVADORA XXX

consigue hacer la colada y

sacar las prendas limpias, secas y planchadas.

Aunque crea .... que esto es imposible, le garantizamos que es cierto. .... poner un programa corto .... uno largo, la lavadora XXX, ... parecer que tendrá un mayor consumo de agua y energía, ahorra más del 50% del total del consumo de su antiguo electrodoméstico, ... la lavadora que va usted a cambiar y le haya dado un resultado estupendo. ...., si no queda satisfecho después de dos meses, le devolvemos su dinero.

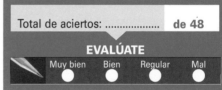

NO LO DUDE,
esta es su lavadora no solo por el precio, ... porque es una buena lavadora. **Garantizado.**

Aciertos: .... **de 6**

Total de aciertos: .... **de 48**

EVALÚATE

Muy bien	Bien	Regular	Mal
●	●	●	●

TODO OÍDOS. Escucha el diálogo.

44

- ¿Cómo ha ido, Sofía?
- Bien, estoy contenta, **aunque** me han hecho unas pruebas bastante difíciles.
- Explícamelas, rápido, que estoy nerviosísima.
- Bueno, hay un chico que te hace una coreografía para que la repitas. La ejecución de algunos de los ejercicios no ha sido muy buena, **y eso que** muchos de ellos los hacemos en clase.
- Sí, pero **por mucho que** los practiques, el día de la prueba siempre salen mal.
- Ya, pero **a pesar de** todo me da rabia. No es por el ejercicio en sí, **sino** porque en el tribunal estaba un antiguo profesor mío, Mateo Alonso, ¿te acuerdas? Me hubiese encantado que me hubiera visto hacer una muy buena coreografía.
- **Por más que** me lo digas, no creo que hayas hecho tan mal las cosas.
- **Tanto si** lo crees **como si** no, yo estoy convencida de que lo podía haber hecho mucho mejor.
- Bueno, eso pasa siempre. Venga, que ahora voy yo.

Componentes:

Las oraciones de modo

23

FORMA	USO
Según y *como* + indicativo / subjuntivo.	Para indicar el modo o la forma de realización de una acción.

Yo tampoco, pero era el único espacio que teníamos libre. Todo lo demás lo he colocado **como** me dijiste. Hemos puesto toda tu obra **según** indica la normativa, y tu decorador dice que está organizada **como** en las grandes galerías de Londres y Nueva York.

Yo no hubiera colgado este cuadro de la playa en la sala de los bodegones.

45

FORMA

Nexos	Construcción	Ejemplos
Como *Según*	+ indicativo / subjuntivo	*Voy a hacer el merengue **según** explica Karlos Arguiñano en su recetario.* *No te preocupes. Hago el guacamole **como** tú me digas.*

USO

1. Expresan el modo de realización de una acción.
*Ana toca el piano **como** le ha enseñado su profesor. (La forma de tocar el piano de Ana es la que le ha enseñado su profesor).*

2. Pueden ser sustituidas por un adverbio.
*Hemos rellenado el impreso **según** indican en las instrucciones. Hemos rellenado el impreso así.*

3. Se utilizan con indicativo cuando se expresa un modo conocido.
*Tengo que entregar el plano de la casa **como** me han pedido en el registro.*

4. Se utiliza con subjuntivo para expresar un modo desconocido.
*Soluciona tus problemas **como** creas oportuno.*

5. Puede suprimirse el verbo de la oración modal cuando aparece el mismo verbo en la oración principal.
*Habla **como** (habla) un hombre de cuarenta años y acaba de cumplir doce.*

6. Puede ir entre comas para dar un significado de confirmación de un hecho.
*Marta sabe, **como** lo saben en todo el hospital, que conseguirá un ascenso el mes que viene.*

7. *Como* no debe confundirse con oraciones causales (con indicativo) o condicionales (con subjuntivo).
***Como** no puedo ser traductora sin un título, he comenzado a estudiar unas oposiciones.* (= Porque).
***Como** no encuentre trabajo el mes que viene, me marcho a Toulouse a hacer un curso de francés.* (= Si).

1. Las oraciones de modo.

Relaciona.

0. Tengo que hacer el bizcocho   a. según te he enseñado.

1. Tú sabes,   b. como un abogado.

2. Haz el truco de magia   c. como Antonio López: hiperrealista.

3. En su declaración el acusado habló   d. como lo sabe tu mujer, que las cosas van mal.

4. Silvia ha comenzado a pintar   e. como viene en la receta.

5. En el aterrizaje hemos actuado   f. según las normas de evacuación.

Aciertos: .... **de 5**

2. Explicar el modo de hacer algo.

Completa con las expresiones del cuadro.

> según les explicó - como me ha indicado - según se detalla - como creas - según el proyecto - según marcaban - como se estira

0. Tu marido ya me ha explicado cómo llegar. Voy a tu casa *como me ha indicado* . No tiene pérdida.

1. Estuvieron rellenando los documentos .... la funcionaria que les atendió.

2. El camino para llegar desde su casa a la playa se construyó .... del arquitecto.

3. Las medias que me trajo Marisa de París se estiran .... una serpiente.

4. Ha actuado, ... en su contrato, con la mayor profesionalidad y rigor en el trabajo.

5. Tienes que hacerte valer, Rosa. Haz .... conveniente, pero haz algo lo antes posible.

6. Hicimos la paella de marisco .... las normas del concurso gastronómico.

Aciertos: .... **de 6**

3. ¿Indicativo o subjuntivo?

Completa este diario con los verbos en la forma correcta.

Ayer hice una cena como siempre me ....*explica*........... (**explicar**) Luisa que se debe hacer. Era una cena importante porque venían mis jefes a casa. Preparé la mesa según .... (**detallarse**) minuciosamente en el libro de Luisa: *El buen anfitrión*, como .... (**exigir**) la situación. El mantel y las servilletas las puse de un color pálido, según .... (**proponer**) en este libro para crear un ambiente más distendido. La cena salió estupendamente. Al despedirnos mi jefe me dijo que tomara las decisiones del proyecto de Shangai como .... (**creer**) oportuno, que se fiaba de mí. Me explicó que debemos hacer las cosas según .... (**convenir**) nuestros jefes de Londres en la reunión del mes que viene. Creo que respondí como .... (**esperar**). Me dieron las gracias y se despidieron no como hasta hoy .... (**hacer**) conmigo, con un apretón de manos, sino con unas palmaditas en la espalda que marcan el principio de una nueva amistad.

Aciertos: .... **de 7**

4. **Para ser un buen escritor, según una adaptación del decálogo de Augusto Monterroso.**

Ordena las fichas de dominó. Después indica si las frases son verdaderas o falsas.

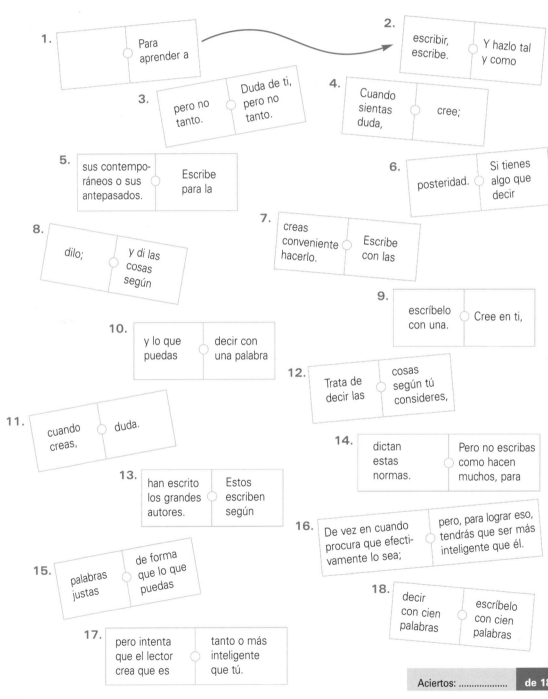

1. Para aprender a

2. escribir, escribe. Y hazlo tal y como

3. pero no tanto. Duda de ti, pero no tanto.

4. Cuando sientas duda, cree;

5. sus contemporáneos o sus antepasados. Escribe para la

6. posteridad. Si tienes algo que decir

7. creas conveniente hacerlo. Escribe con las

8. dilo; y di las cosas según

9. escríbelo con una. Cree en ti,

10. y lo que puedas decir con una palabra

11. cuando creas, duda.

12. Trata de decir las cosas según tú consideres,

13. han escrito los grandes autores. Estos escriben según

14. dictan estas normas. Pero no escribas como hacen muchos, para

15. palabras justas de forma que lo que puedas

16. De vez en cuando procura que efectivamente lo sea; pero, para lograr eso, tendrás que ser más inteligente que él.

17. pero intenta que el lector crea que es tanto o más inteligente que tú.

18. decir con cien palabras escríbelo con cien palabras

Aciertos: .... de 18

1. Si tienes algo que decir, piensa bien si debes decirlo.
2. Explícate sin ahorrar palabras. Cuanto más escribas, mejor.
3. Escribe para los lectores del futuro, no para los del pasado ni para los del presente.
4. Confía en ti mismo.
5. Procura mostrar claramente tu inteligencia para minusvalorar al lector.

Aciertos: .... **de 5**

5. **¿Nos ayudas a crear nuestro propio diccionario?**

Relaciona los términos con las definiciones y los ejemplos. Después, complétalos con *como* o *según* y el verbo en la forma correcta.

0. DELINCUENTE:	**a.** Descripción, oral o escrita, de las características de un acontecimiento.	**I.** A mí me ha asustado en el juicio, porque habla ..*como habla*........ un delincuente. **(hablar)**
1. PACTO:	**b.** Leyes fundamentales del Estado para regular los derechos y libertades de los ciudadanos, así como los poderes y organización política del mismo.	**II.** No te preocupes, Paco. Redacta los informes .... oportuno y cuando termines, vete a casa y descansa. **(estimar)**
2. PROSPECTO:		**III.** Se debe actuar .... el artículo quinto de la Constitución. **(dictar)**
3. INFORME:	**c.** Tratado entre dos partes	**IV.** Hemos hecho todo .... en el pacto. **(señalarse)**
	d. Información de una medicina: composición, uso y modo de empleo.	**V.** Voy a medicarme tal y .... el médico mañana, no como indica el prospecto. **(decir)**
4. CONSTITUCIÓN:	**e.** Persona que comete un delito.	

Aciertos: .... **de 4**

Total de aciertos: .... **de 45**

EVALÚATE

Muy bien	Bien	Regular	Mal
●	●	●	●

46

TODO OÍDOS. Escucha el diálogo.

Alumna: ¿Qué tal cree que me ha salido el examen?

Profesor: Hombre, no has hecho todo **según** te ha indicado el examinador, pero creo que no has cometido ninguna falta grave.

Alumna: ¿Podré aprobar?

Profesor: Eso nunca se sabe. Hoy has aparcado **como** yo te enseñé. Has mirado el espejo retrovisor cuando había que girar y has dejado la distancia apropiada entre los dos coches. Has respetado, **conforme** marcan las normas de seguridad vial, todas las señales de tráfico. Creo que en principio deberías aprobar, pero haciendo el examen **tal como** lo has hecho tú hoy, suspendieron a mi hija hace un mes.

Alumna: ¡No me diga eso y ya cambie el tono! Hoy habla **como** un examinador y no **como** mi profesor de autoescuela.

✔ Los sustantivos femeninos con determinantes masculinos.

Anexo 1

COMPONENTES

✔ *El / un / algún / ningún* + sustantivo femenino singular.
✔ Para expresar sustantivos femeninos.

Los sustantivos femeninos singulares que empiezan con *a- (ha-)* tónica

Se emplean con:	**el:** *el aula pequeña.*	**algún:** *algún aula pequeña.*
	un: *un aula pequeña.*	**ningún:** *ningún aula pequeña.*

Excepciones:

- Las letras del alfabeto: *la a; la hache.*
- Cuando hay alguna palabra entre el artículo y el sustantivo: *la luminosa aula.*
- Si los nombres son propios de mujer: *la Ana.*
- Si los nombres son gentilicios femeninos: *una árabe.*
- Si los nombres son propios de lugares: *La Haya*
- Delante de las siglas que empiezan por *a-* tónica y son sustantivos femeninos: *la APA* (Asociación de Padres de Alumnos).
- Ante adjetivos que empiezan con *a- (ha-)* tónica: *la alta montaña / la árida lección.*

Sustantivos que empiezan por *a- (ha-)* tónica:

acta	África	ágata	ágora	agua	águila
ala	alba	alga	álgebra	alma	alta
ama	anca	ancla	ánima	ansia	arca
área	aria	arma	arpa	asa	asma
asna	aspa	asta	aula	ave	aya
haba	habla	hacha	hada	hampa	haya

1. Sustantivos masculinos o femeninos que empiezan por *a-* (I).
Escribe el artículo que corresponda a cada palabra.

0. *el* ácaro	8. ..... acera	16. ..... acero	24. ..... ácido
1. ..... acidez	9. ..... acné	17. ..... actriz	25. ..... ágil
2. ..... ágrafa	10. ..... agua	18. ..... águila	26. ..... aire
3. ..... ajo	11. ..... ala	19. ..... alba	27. ..... alfa
4. ..... alga	12. ..... álgebra	20. ..... alma	28. ..... alta
5. ..... alza	13. ..... ama	21. ..... ámbar	29. ..... anca
6. ..... ancla	14. ..... ánima	22. ..... ansia	30. ..... ara
7. ..... arca	15. ..... área	23. ..... aria	31. ..... arma

Aciertos: .... **de 31**

2. Sustantivos masculinos o femeninos que empiezan por *a-* (II).
Completa con el artículo adecuado.

0. El médico me ha dicho que tengo alergia a ..*los*.... ácaros.

1. En Navidad se nota bastante .... alza de los precios.

2. Lo peor de las matemáticas es .... álgebra.

3. .... ámbar es una piedra de color amarillo.

4. .... ave rapaz que tiene la cola cuadrada y mayor tamaño que las comunes es .... águila real.

5. Ten cuidado con el tráfico. Vete por .... acera.

6. .... agua y el desarrollo sostenible son los temas principales de las jornadas.

7. Es misión del secretario redactar .... actas de cada sesión.

8. El barco echó .... ancla en aguas gallegas.

9. El flamenco refleja .... alma andaluza.

Aciertos: .... **de 10**

3. Usos del artículo.
Completa el texto con el artículo si es necesario.

Lo mejor del partido fue el último tiro desde fuera d..*el*.... área. Esto supuso la victoria del equipo invitado que, aunque no puso bastante .... alma en el partido y no ha marcado desde .... izquierda en todo el juego, se ha clasificado. Estas son las cosas del deporte, ... ansias de ganar se pueden frustrar por un toque de suerte que se convierte en .... arma más poderosa. El entrenador achaca la derrota del equipo de casa a .... agua caída la noche anterior, al encharcamiento del césped y a .... aire que hacía. De cualquier manera, el club ya ha levantado .... acta de lo ocurrido y espera a que mañana, una vez que el pívot reciba .... alta, las cosas cambien para bien.

Aciertos: .... **de 8**

4. Adivina la palabra.
Pon en singular y con el artículo la palabra que corresponda a las definiciones siguientes.

0. Instrumento musical de forma triangular ....*el*...... ....*arpa*....

1. Deseo muy fuerte ....

2. Amanecer ....

3. Parte que sobresale del cuerpo de una vasija ....

4. Manera especial de hablar ....

5. La letra *x* ....

Aciertos: .... **de 5**

Total de aciertos: .... **de 54**

EVALÚATE

Muy bien　Bien　Regular　Mal

Anexo 2

COMPONENTES

✔ Sufijos *-triz, -ez, -dad, -ción, -tud, -umbre.*
✔ Para expresar sustantivos abstractos.

El género femenino de algunas palabras especiales

Son femeninas todas las palabras terminadas en:	
-triz	*cicatriz, matriz...*
-dad	*autoridad, calidad, cantidad, ciudad, cualidad, electricidad, equidad, localidad, natalidad, Navidad, necesidad, unidad, universidad...*
-ción	*ambición, canción, colección, edición, evolución, excepción, función, lección, maldición, sección, solución, tradición...*
-tud	*actitud, longitud, multitud, virtud...*
-umbre	*costumbre, cumbre, incertidumbre, legumbre, muchedumbre, pesadumbre, podredumbre...*
-ez	*nuez, tez, vez...*

Sufijos

Forma adjetivos o sustantivos que significan 'agente'		
-triz	*empera**triz**, ac**triz**, direc**triz**, institu**triz**...*	
Forma sustantivos abstractos de adjetivos que indican cualidad		
-ez	*acid**ez**, dejad**ez**, desnud**ez**, escas**ez**, estrech**ez**, estupid**ez**, fluid**ez**, honrad**ez**, idiot**ez**...*	
-dad	Solo en estas palabras.	*bon**dad**, cruel**dad**, igual**dad**, mal**dad**, mezquin**dad**, ruin**dad**.*
	-edad Si el adjetivo tiene dos sílabas.	*brev**edad**, grav**edad**, nov**edad**, sol**edad**, viud**edad**...*
	Excepto:	*cast**idad**, clar**idad**, dens**idad**, dign**idad**, nul**idad**, san**idad**, san**tidad**, suav**idad**, van**idad**, habil**idad**, real**idad**.*
	-iedad Si el adjetivo termina en **-io**.	*contrar**iedad**, involuntar**iedad**, obligator**iedad**, obv**iedad**, ser**iedad**, suc**iedad**, voluntar**iedad**...*
	-idad Si el adjetivo tiene más de dos sílabas.	*activ**idad**, comod**idad**, creativ**idad**, festiv**idad**, individuali**dad**, matern**idad**, nacional**idad**, sincer**idad**...*
	Si el adjetivo termina en **-z**.	*atroc**idad**, capac**idad**, felic**idad**, feroc**idad**, fugac**idad**, tenac**idad**, veloc**idad**, verac**idad**, vivac**idad**...*
	-bilidad Si el adjetivo termina en **-ble**.	*accesi**bilidad**, conta**bilidad**, disponi**bilidad**, posi**bilidad**, responsa**bilidad**, sensi**bilidad**, socia**bilidad**...*

Forma sustantivos abstractos a partir de verbos para expresar acción y efecto		
-ción	No precedido de vocal, en ciertos sustantivos generalmente procedentes del latín.	*abstracción, acción, calefacción, conducción, construcción, corrección, dirección, distracción, ficción, función, insatisfacción, introducción, lección, perfección, redacción...*
	-ación Si el verbo del que derivan es de la primera conjugación.	*acentuación, celebración, comunicación, educación, equivocación, jubilación, preocupación, pronunciación, publicación, votación...*
	-ición Si el verbo del que derivan es de la segunda o de la tercera conjugación.	*aparición, disposición, oposición, proposición...* *consumición, definición, nutrición, petición, prohibición, repetición...*
	-sión Si el verbo del que derivan terminan en **-der** o en **-dir**.	*agresión, comprensión, concesión, división, extensión, sucesión...*
	Además de su significado abstracto, **-ción** y sus variantes pueden denotar objeto, lugar, etc.	***Objeto:*** *embarcación, ilustración, aviación...* ***Lugar:*** *estación, fundición, habitación, instalación, nación, plantación, población, sección, situación, urbanización...* ***Tiempo:*** *duración, estación, generación...* ***Cantidad y conjunto:*** *alimentación, calefacción, colección, ración...*

Forma sustantivos abstractos de adjetivos que indican cualidad	
-tud	*altitud, amplitud, aptitud, exactitud, inquietud, juventud, lentitud, rectitud, solicitud...*

1. El género de los sustantivos (I).

Completa con *el* o *la.*

0. ...*el*..... dilema

1. .... explicación

2. .... debilidad

3. .... muchedumbre

4. .... realismo

5. .... revolución

6. .... frialdad

7. .... sabor

8. .... sensatez

Aciertos: .... de 8

2. El género de los sustantivos (II).

Completa con el artículo *el* o *la.*

0. Dame ....*la*........ dirección de tu casa.

1. Lo peor fue .... desilusión que sentí.

2. No encontré .... solución del problema.

3. En .... niñez, ... timidez le impedía hablar.

4. .... muchedumbre salía de .... urbanización.

5. Lo mejor fue .... sinceridad de sus palabras.

6. Por fin nos enseñó .... cicatriz del brazo.

7. .... atletismo es su deporte favorito.

Aciertos: .... de 9

Ejercicios

3. El artículo definido o indefinido.
Completa con el artículo *la* o *una*.

0. Se llevó ....*una*....... gran impresión.

1. Me gustó mucho .... retransmisión del partido.

2. El guisante es .... legumbre.

3. He pedido a los Reyes Magos .... colección de cromos.

4. .... Navidad es una época del año estupenda para ir a esquiar.

5. Luis tiene que comer hoy a .... una. Tiene cita con el médico después.

6. .... sencillez es la mejor de las virtudes.

Aciertos: .... **de 6**

4. Sustantivos terminados en *-triz*.
Pon el artículo y el sustantivo equivalente.

0. Mujer que interpreta un papel en el teatro, el cine o la televisión. ....*la*...... ...*actriz*...

1. Mujer encargada de la educación de un niño en el hogar. ....

2. Mujer del emperador. ....

3. Indicaciones dictadas para hacer algo. ....

Aciertos: .... **de 3**

5. Sustantivos terminados en *-ez*.
Forma sustantivos de los adjetivos siguientes.

0. ácido ....*la*.... ...*acidez*..   **6.** idiota ....

1. viejo ....   **7.** delgado ....

2. estúpido ....   **8.** válido ....

3. escaso ....   **9.** desnudo ....

4. tímido ....   **10.** pálido ....

5. honrado ....

Aciertos: .... **de 10**

6. El adjetivo de base.
Escribe el adjetivo correspondiente a estos sustantivos en *-ez*.

0. candidez ....*cándido*..............   **6.** rapidez ....

1. exquisitez ....   **7.** rigidez ....

2. insensatez ....   **8.** sordidez ....

3. intrepidez ....   **9.** testarudez ....

4. niñez ....   **10.** tozudez ....

5. nitidez ....

Aciertos: .... **de 10**

7. Sustantivos en *-dad, -idad* o *-iedad.*

Forma los sustantivos a partir de estos adjetivos.

0. afectuoso ....*afectuosidad*..........
1. activo ....
2. ameno ....
3. anterior ....
4. aparatoso ....
5. arbitrario ....
6. bárbaro ....
7. brusco ....
8. célebre ....
9. clandestino ....
10. complejo ....
11. complementario ....

12. común ....
13. conflictivo ....
14. curioso ....
15. deportivo ....
16. elástico ....
17. emotivo ....
18. espontáneo ....
19. eterno ....
20. falso ....
21. familiar ....
22. notorio ....
23. precario ....

Aciertos: .... **de 23**

8. Adjetivos.

Indica el adjetivo original de estos sustantivos.

0. formalidad ....*formal*..........
1. frivolidad ....
2. generalidad ....
3. generosidad ....
4. hispanidad ....
5. honestidad ....
6. humanidad ....
7. idoneidad ....
8. imbecilidad ....
9. imparcialidad ....
10. incredulidad ....

11. indignidad ....
12. liberalidad ....
13. luminosidad ....
14. majestuosidad ....
15. marginalidad ....
16. masculinidad ....
17. musicalidad ....
18. paternidad ....
19. severidad ....
20. solidaridad ....
21. tranquilidad ....

Aciertos: .... **de 21**

9. Adjetivos en *-ble* y sustantivos en *-bilidad.*

Indica el adjetivo en *-ble* y el verbo original.

0. adaptabilidad ....*adaptable*.......... ....*adaptar*..........
1. admisibilidad ....
2. probabilidad ....
3. rentabilidad ....
4. visibilidad ....
5. respetabilidad ....

Aciertos: .... **de 10**

10. Verbos de latín, sustantivos en -ción.
Descubre el verbo español.

0. atracción ....atraer................
1. contracción ....
2. contradicción ....
3. deducción ....
4. destrucción ....
5. elección ....
6. extracción ....
7. producción ....

8. protección ....
9. reducción ....
10. satisfacción ....
11. seducción ....
12. sujeción ....
13. sustracción ....
14. traducción ....

Aciertos: .... de 14

11. Sustantivos derivados de verbos en -ar.
Indica el verbo.

0. aclaración ....aclarar...............
1. calificación ....
2. certificación ....
3. civilización ....
4. clasificación ....
5. curación ....
6. dedicación ....
7. explicación ....
8. formación ....
9. fundación ....
10. medicación ....

11. obligación ....
12. operación ....
13. organización ....
14. pacificación ....
15. reclamación ....
16. relajación ....
17. respiración ....
18. señalización ....
19. simplificación ....
20. unificación ....
21. valoración ....

Aciertos: .... de 21

12. Sustantivos derivados de verbos en -der y -dir.
Forma el sustantivo abstracto.

0. aludir ....alusión..............
1. ceder ....
2. discutir ....
3. divertir ....
4. agredir ....
5. comprender ....
6. conceder ....
7. dividir ....

8. prohibir ....
9. expandir ....
10. persuadir ....
11. repercutir ....
12. retransmitir ....
13. suceder ....
14. extender ....
15. admitir ....

Aciertos: .... de 15

13. Sustantivos abstractos.

Escribe el sustantivo equivalente con su artículo.

0. Cualidad de serio ....*la*.... *seriedad*..
1. Cualidad de notorio ....
2. Cualidad de obvio ....
3. Cualidad de húmedo ....
4. Cualidad de vago ....
5. Cualidad de antiguo ....
6. Cualidad de seco ....
7. Cualidad de brusco ....
8. Cualidad de nuevo ....
9. Cualidad de fugaz ....

10. Acción y efecto de grabar ....
11. Acción y efecto de turbar ....
12. Acción y efecto de ubicar ....
13. Acción y efecto de dedicar ....
14. Acción y efecto de pacificar ....
15. Acción y efecto de planificar ....
16. Acción y efecto de escenificar ....
17. Acción y efecto de significar ....
18. Acción y efecto de personificar........... ....
19. Acción de verificar ....

Aciertos: .... **de 19**

14. Ayuda al Presidente a elaborar las notas para su discurso.

Completa con los sustantivos y el artículo.

0. El Gobierno tiene ....*la responsabilidad*.. **(responsable)** de crear un clima de seguridad y confianza entre los ciudadanos.

1. España es un país en el que .... **(plural)** de sus lenguas contribuye poderosamente a enriquecer su acervo cultural.

2. .... **(conceder)** de este Gobierno han sido claras con respecto a la economía y a la sanidad.

3. .... **(igual)** entre los ciudadanos del territorio español es la primera de nuestras conquistas.

4. Contamos con un apoyo firme del resto de las naciones europeas para dar ....
mayor .... **(solido)** a nuestros intercambios comerciales.

Aciertos: .... **de 4**

Total de aciertos: .... **de 173**

EVALÚATE

| Muy bien | Bien | Regular | Mal |

Anexo 3

COMPONENTES

✔ El plural de sustantivos en *-us, -sis, -tis,* vocal tónica, monosílabos y plurales léxicos.
✔ Para expresar sustantivos plurales.

Formación del plural de palabras de más de una sílaba		
No cambian en plural	Las palabras acabadas en **-us.**	*antivirus, cactus, campus, estatus, lapsus, ómnibus, tifus, virus…*
	Las palabras terminadas en **-sis.**	*análisis, crisis, dosis, énfasis, hipótesis, oasis, prótasis, síntesis, tesis, trombosis…*
	Las palabras terminadas en **-tis**	*apendicitis, bronquitis, cutis, glotis, gratis…*
Añaden **-s**	Las palabras terminadas en **-é** y **-ó** tónicas.	*bebé > bebés, chimpancé > chimpancés, comité > comités, consomé > consomés, puntapié > puntapiés, puré > purés, bungaló > bungalós, capó > capós, dominó > dominós…*
Añaden **-es**	Las palabras terminadas en **-á, -í** y **-ú** tónicas.	*jabalí > jabalíes, bambú > bambúes…*

Plurales de monosílabos		
Añaden **-es**	Los nombres de las vocales.	*a > aes, i > ies, o > oes, u > ues…* **Excepto:** *e >es.*
	Las palabras *yo, no* y *sí,* cuando son sustantivos.	*yo > yoes, sí > síes, no > noes.*
	Los monosílabos terminados en **-ay, -ey, -oy,** o en el triptongo **-uey.**	*ay > ayes, buey > bueyes, ley > leyes, rey > reyes…*
Añaden **-s**	Los nombres de las letras.	*f (efe) > efes, c (ce) > ces, j (jota) > jotas…*
	Las palabras terminadas en **-au, -ui** o en los diptongos **-iau** y **-uau.**	*guau > guaus, miau > miaus.*

Plurales léxicos

Son sustantivos que solo tienen plural: *anales, andurriales, añicos, comicios, cosquillas, efemérides, enseres, entendederas, gafas, hemorroides, veras, víveres.*

Hay palabras que cambian de significado si están en singular o en plural

afuera (fuera del sitio en que se está).
afueras (alrededores de una población).

bien (utilidad, beneficio).
bienes (cosas materiales o inmateriales propiedad de una persona).

celo (cuidado, papel celo).
celos (sospecha o miedo de que la persona amada quiera a otra persona).

corte (herida producida por un instrumento cortante).
Cortes (parlamento).

esposa (mujer casada).
esposas (pareja de manillas unidas entre sí para detener a alguien).

honra (estima y respeto de la propia dignidad).
honras (oficio que se celebra por los difuntos después del entierro).

modal (se refiere al modo).
modales (acciones externas de cada persona que indican su buena o mala educación).

resto (parte que queda de un todo).
restos (restos mortales).

1. Los sustantivos.

Indica el sustantivo de los siguientes adjetivos.

0. analítico   *el análisis*   **5.** crítico ....

1. antiviral   ....   **6.** extasiado ....

2. hipotético   ....   **7.** paralítico ....

3. sintético   ....   **8.** enfático ....

4. bronquial   ....

Aciertos: ....   **de 8**

2. La formación del plural.

Completa con el plural.

0. A Juana le encantan los **(bebé)** .... *bebés* .... Quiere ser matrona.

1. Mi nombre se escribe con dos **(a)** ....

2. Juan tiene tres perros y seis gatos. En su casa entre los **(guau)** .... y los **(miau)** .... es imposible dormir.

3. *Acción* se escribe con dos **(ce)** ....

4. Ya solo quedan **(buey)** .... en el norte.

5. Los votos fueron siete **(sí)** .... y dos **(no)** ....

6. En la costa se han construido muchos **(bungaló)** ....

7. La constructora tiene quince **(chalé)** .... sin vender.

8. El señor Ortega es uno de los grandes **(gurú)** .... de las finanzas.

9. Los mejores jamones son los cinco **(jota)** ....

10. Juan trabaja con tres **(marroquí)** ....

Aciertos: ....   **de 12**

3. Plurales léxicos.

Sustituye la palabra en negrita por un sinónimo del recuadro.

> añicos, comicios, creces, gafas, <u>veras</u>, víveres

0. No lo tomes a broma; te lo digo de **verdad**, de .... *veras* ....

1. No veo muy bien. Necesito graduarme las **lentes**, las ....

2. Juana es muy generosa. Le devolvió el favor **sobradamente**, con ....

3. El presidente disolvió la Cámara y convocó **elecciones**, ...

4. La sopera se cayó de la mesa y se hizo **pedazos**, ...

5. Los alpinistas pudieron encontrar **comida**, ..., en el refugio de montaña.

Aciertos: ....   **de 5**

Total de aciertos: ....   **de 25**

EVALÚATE

Muy bien   Bien   Regular   Mal

Anexo

4

El pretérito imperfecto

Recuerda que el pretérito imperfecto lo usamos sin importarnos cuándo empieza ni cuándo termina una acción pasada. El pretérito imperfecto muestra la acción en desarrollo sin importarnos si está acabada o no. Los siguientes usos discursivos están dentro de este contexto:

Para retomar una información, una idea o una creencia sobre la que ya se ha hablado antes. Puede tener un valor temporal de presente o futuro. Solemos usarlo para contrastar una creencia con la de los demás o con la realidad.	■ *Oye, el examen **era** hoy, ¿no?* ● *Que no, que **era** mañana.*
Para retomar una conversación cuando se ha interrumpido por otra acción o por el contexto.	■ *Quiero ir al cine.* ● *Perdona, ¿qué **decías**?* ■ *Que quiero ir al cine.*
Para expresar un deseo, una creencia, o una idea interrumpida explícita o implícitamente por otra acción en el pasado, en el presente o en el futuro.	*Ayer **pensaban** ir al cine, pero prefirieron ir a comer.* *Mañana **iban** a ir a Santander, pero tengo una reunión.* *No, no, si **pensaba** hacerlo (pero).*
Cuando respondemos con una sugerencia, un deseo o una idea de forma indirecta o abierta. Lo usamos para sugerir en el presente o en el futuro.	■ *¿Qué vas a hacer este fin de semana?* ● ***Quería** ir al fútbol. ¿Te vienes?*
Para hablar de los juegos o de los sueños.	*Tú **eras** Garfio y yo, Peter Pan.* ● *Anoche soñé que volaba.*

El pretérito indefinido

El pretérito indefinido lo usamos para acciones puntuales que ocurren en un momento del pasado.
*Ayer **conocí** a María.*   ***Estuve** en casa de Pedro.*
Lo usamos para acciones que ocurren en un contexto temporal cerrado en el pasado sin relación con el presente.

Imperfecto / indefinido

Dos o más acciones en pasado

Las dos van en indefinido cuando son acciones sucesivas.	***Entré** en casa, **encendí** la luz y **dejé** el abrigo en la percha.*
Las dos van en pretérito imperfecto cuando son acciones simultáneas. Ocurren a la vez.	***Leía** mientras **escuchaba** música.* ***Hablaba** y **gesticulaba**.*
Una acción ocurre o empieza (indefinido), cuando otra ya ha comenzado o está en desarrollo (imperfecto).	*Cuando salió a la calle, **llovía** mucho (ya llovía antes).* *Cuando **llegamos** a casa, Javier **estaba** viendo la TV.*

1. Recuerda las formas.

Completa según el ejemplo.

	Imperfecto	Indefinido		Imperfecto	Indefinido
0. hablar (vosotros)	*hablabais*	*hablasteis*	**11.** pedir (yo)		
1. ir (ella)			**12.** traer (él)		
2. oír (yo)			**13.** estar (ella)		
3. dar (nosotros)			**14.** medir (ellos)		
4. ser (tú)			**15.** seguir (nosotros)		
5. traducir (ellos)			**16.** cantar (yo)		
6. tener (tú)			**17.** conducir (usted)		
7. ver (ellas)			**18.** leer (tú)		
8. andar (ella)			**19.** poner (él)		
9. saber (vosotros)			**20.** oler (nosotros)		
10. estar (yo)			**21.** dormir (ella)		

Aciertos: .... **de 42**

2. Retomar una información o una idea.

Completa los siguientes diálogos.

0. ■ Ya hemos llegado. Esta es la cafetería que nos dijo Luisa.

● Pues no ....*estaba*........ tan lejos. **(estar - ella)**

1. ■ ¿Qué le dijiste a Marta? Estaba enfadada.

● Que no me .... bien lo que hizo el jueves. **(parecer)**

2. ■ ¿Dónde dijiste que .... mis gafas? **(estar)**

● En la mesita de la entrada.

3. ■ Perdona, ¿qué ....? **(decir - tú)**

● Que me pasaras la sal, por favor.

4. ■ Oye, ¿cuándo .... por fin el concierto? **(ser)**

● El próximo jueves.

5. ■ ¿Qué haces esta tarde?

● Ya te dije que .... a ir al Museo del Prado. **(ir)**

6. ■ ¿Qué te ha dicho Juan?

● Que te .... en la calle. **(esperar - él)**

7. ■ ¿Dónde ....? Te vi en el autobús. **(ir - tú)**

● A clase.

8. ■ Perdona, ¿qué me decías?

● Que si .... a venir con nosotros mañana. **(ir - tú)**

9. ■ Ay, perdón, se me ha olvidado tu nombre. ¿Cómo te ....? **(llamar)**

● Paco, me llamo Paco.

Aciertos: .... **de 9**

Ejercicios

3. Acción interrumpida o modificada por el contexto.
Completa con los verbos en el tiempo adecuado.

0. ¿Qué vas a hacer este fin de semana? Yo ......*quería*........ **(querer)** ir a Barcelona, ¿y tú?

1. Ayer .... a salir, pero .... Manolo y Juana y .... en casa viendo una peli. **(ir - nosotros, venir, quedarnos - nosotros)**

2. ■ .... al cine y nos .... a Pedro. **(Ir - nosotros, encontrar - nosotros)**

● ¿Qué ....? **(hacer - vosotros)**

■ .... a tomar algo juntos. **(irse - nosotros)**

● ¿No .... al cine? **(ir - vosotros)**

■ Al final lo dejamos para otro día.

3. ■ ¿Dónde .... el fin de semana? **(estar - tú)**

● En un centro comercial.

■ ¿Y eso?

● .... comprarme un chaquetón azul. **(Querer - yo)**

■ ¿Te lo ....? **(comprar - tú)**

● No, ... uno verde que me gustó más. **(ver - yo)**

4. Este verano hemos ido a la playa. Yo .... ir a la montaña, pero Ester no y le .... elegir a ella. **(preferir, tocar)**

Aciertos: .... **de 14**

4. Contraste de pasados.
Completa con un tiempo adecuado del pasado.

0. Ayer ......*soñé*.......... que me ......*caía*............ de una torre muy alta. **(soñar - yo, caer)**

1. ■ ¿Qué vas a hacer esta tarde?

● .... ir al teatro. ¿Por qué? **(Pensar)**

■ Porque .... que llevar el coche a arreglar y...................... que me recogieras a las 19:00 horas. **(tener - yo, querer - yo)**

● ¿No lo .... llevar ayer? .... al lado del taller. **(poder - tú, Pasar - tú)**

■ No, no ...., cuando .... cerrado. **(poder, pasar - yo, estar)**

● Bueno, vale. Pero el sábado compras tú las entradas para el teatro.

2. ■ Oye, ¿de qué .... el libro que estás leyendo? **(tratar)**

● Trata sobre el cambio climático.

3. ■ Anda, recuérdame cuándo tenías clase. .... los martes y jueves, ¿no? **(Ser)**

● No. Solo los martes. Ayer me .... lo mismo. **(preguntar)**

4. ■ Tú .... del Real Madrid, ¿no? **(ser)**

● Qué dices, toda mi vida .... del Barcelona. ¿Quién te ha dicho eso? **(ser)**

5. ■ ¿Jugamos al fútbol?

● Vale. Tú .... Ronaldinho y yo, Casillas. **(ser)**

6. Ayer .... en casa de Pablo. Lo ...., ¿no? **(estar - nosotros, saber - tú)**

7. Ayer Virginia .... montar la estantería, pero finalmente no la .... porque le faltaban herramientas. **(querer, montar)**

8. ■ Tú .... café, ¿verdad? **(tomar)**

   ● Hace tiempo que .... al té. El café me pone muy nervioso. **(pasarse)**

Aciertos: .... **de 20**

5. Acciones simultáneas, sucesivas o de diferente duración.
Selecciona una forma adecuada.

0. Salió de casa y .... la puerta con llave.

   a. cerraba   **b.** <u>cerró</u>   **c.** había cerrado

1. Ayer iba a clase y .... con Juan.

   a. se encontró   **b.** se encontraba   **c.** se había encontrado

2. Cuando empezó a llover, ... aún en la calle.

   a. estuvo   **b.** había estado   **c.** estaba

3. .... y enseguida ....

   a. Se acostaba / se durmió   **b.** Se acostó / se dormía   **c.** Se acostó / se durmió

4. El jueves primero .... clase, luego .... a una conferencia.

   a. teníamos / asistíamos   **b.** tuvimos / asistimos   **c.** teníamos / habíamos asistido

5. ¿........................ mamá en casa cuando ....?

   a. Estaba / llegasteis   **b.** Estuvo / llegábais   **c.** Había estado / llegábais

6. .... la siesta en el sofá cuando Cristina ....

   a. Durmió / llegó   **b.** Dormía / había llegado   **c.** Dormía / llegó

7. Mientras .... su turno, ... una llamada.

   a. esperaba / hacía   **b.** esperó / hacía   **c.** esperaba / hizo

8. ...., ... un café y .... a la calle.

   a. Comíamos / tomamos /salíamos   **b.** Comimos / tomamos / salimos

   c. Comimos / tomábamos / salimos

9. .... el coche y lo ....

   a. Aspiraba / lavé   **b.** Aspiré / lavé   **c.** Aspiré / lavaba

Aciertos: .... **de 9**

Total de aciertos: .... **de 94**

EVALÚATE

Muy bien   Bien   Regular   Mal

Anexo 5

COMPONENTES

✔ Condiciones reales con futuro y con condicional.
✔ Para expresar un resultado hipotético o probable.

	Condición real presente y resultado probable o hipotético			
Si +	pretérito perfecto	futuro perfecto	Resultado probable o hipotético en un pasado en relación con el presente.	*Si has visitado El Prado, habrás visto Las Meninas de Velázquez, ¿no?*

	Condición real pasada y resultado probable en un contexto pasado sin relación con el presente			
Si +	pretérito perfecto, pretérito imperfecto	condicional simple	Resultado probable o hipotético en un pasado sin relación con el presente.	*Si visitaste El Prado, verías Las Meninas de Velázquez, ¿no?*

Contrastan una condición real con un resultado probable en el pasado.

1. Contrastan una condición real (en pretérito perfecto) con una hipótesis (en futuro perfecto) en un contexto temporal pasado en relación con el presente.

Si has estado en Madrid, habrás visitado el Museo del Prado.

Si has venido a clase, habrás visto a Fernando y te habrá dado ya los apuntes.

2. Contrastan una condición real (en pretérito indefinido o, con menos frecuencia, en imperfecto) con un resultado probable en el pasado (en condicional simple) sin relación con el presente.

Si venías a clase todos los días, verías a Pepe, estaba en tu curso.

Si estuviste en Madrid, visitarías el Museo del Prado.

Se usan para pedir confirmación de un resultado o de una consecuencia que consideramos lógica o probable.

1. Hacer suposiciones.
Relaciona.

0. Si has venido esta mañana,

1. Si comiste mucho,

2. Si viniste en bicicleta,

3. Si te ha llamado Belén,

4. Si comprabas el periódico,

5. Si conocías a Pepe,

a. te lo habrá contado todo.

b. habrás visto a Julia. Ha estado aquí.

c. sabrías quién es Manuel, iban siempre juntos.

d. estarías lleno.

e. te mojarías. Ayer llovió mucho.

f. estarías informado.

Aciertos: .... **de 5**

2. ¿Futuro perfecto o condicional simple?
Completa con la forma adecuada.

0. ■ Estuve haciendo un curso intensivo y en casa hacía muchos ejercicios.
   ● Pues supongo que ahora hablarás muy bien español porque, si hacías los ejercicios en casa todos los días, ...*aprenderías*.......... mucho, ¿no? **(aprender - tú)**

1. ■ En aquella época iba todos los días al gimnasio y no estaba tan gordo como ahora.
   ● Claro, es que si hacías mucho deporte, ... en forma. A mí también me pasó. **(estar)**

2. ■ Espero que haya llegado ya, porque ha dicho que venía y todos la estaban esperando.
   ● Si ha confirmado la asistencia, ... ya a la reunión, ¿no? **(venir - ella)**

3. ■ No sé si Guillermo pudo ver a Luisa.
   ● Si fue a la fiesta, ... con Luisa, porque me dijo que iba a ir. **(encontrarse)**

4. ■ Estoy un poco asustada. He pasado por delante de su casa y había luz en el salón.
   ● No te preocupes, seguro que no era un ladrón. Si había luz en la ventana, muy probablemente .... Manuel. Suele estar a esas horas en casa. **(ser)**

5. ■ Con lo tranquilo que es, no sé qué le ha pasado, pero en la reunión estaba muy inquieto.
   ● Si ha estado nervioso en la reunión, ... mucho café, le sienta mal. **(tomar)**

6. ■ Esta mañana he ido a la ciudad y había una tormenta…
   ● Pues si esta mañana ha llovido, ... más tráfico. Cuando llueve parece que hay más coches. **(haber)**

7. ■ Ayer Sofía ya sabía lo de la fiesta sorpresa de Félix.
   ● Si lo sabía Rocío, lo .... también Félix. Entre ellos se cuentan todo. **(saber)**

8. ■ El sábado vi a Raúl.
   ● Si os visteis el sábado, le .... que hemos quedado este miércoles para ir al cine, ¿no? **(decir - tú)**

Aciertos: .... **de 8**

Total de aciertos: .... **de 13**

EVALÚATE

Muy bien   Bien   Regular   Mal

Marca la respuesta correcta.

1. ○ Señor Pérez, ¿me ha hecho las fotocopias?
   ● Sí, ya .... he hecho. Aquí las tiene.

   ☐ te las ☐ se las ☐ me las ☐ le las

2. ○ Lo siento, mamá, ... ha caído el jarrón y .... ha roto.
   ● Bueno, no pasa nada. Anda, recoge los trozos.

   ☐ se le / se me ☐ se me / se me ☐ se me / se lo ☐ se le / se

3. ○ Otra vez .... han olvidado las llaves en casa.
   ● Eres un desastre.

   ☐ me ☐ se me ☐ se ☐ Ø

4. ○ Creo que prefiero hablar con él que con .... Es que ....
   es muy antipática.
   ● Yo haría lo mismo.

   ☐ ella / Ø ☐ Ø / ella ☐ Ø / Ø ☐ ella / ella

5. ○ El colegio .... estudié lo derribaron para hacer una carretera.
   ● ¡Qué pena, era muy bonito!

   ☐ que ☐ cuando ☐ quien ☐ donde

6. ○ .... desee ir al cine esta tarde que me lo diga.
   ● Yo, yo quiero.
   ○ Y nosotros también.

   ☐ Que ☐ Cuando ☐ Quien ☐ Donde

7. ○ No hay suficientes plazas en el avión para todos .... quieren ir en ese vuelo.
   ● Pues no hay derecho. Yo he pagado mi billete y exijo ir en ese vuelo.

   ☐ que ☐ quienes ☐ los que ☐ los quienes

8. ○ No te preocupes, para la reunión ya .... tiempo de encontrar la solución.
   ● Eso espero. Pensad algo cuanto antes.

   ☐ tuviéramos ☐ tendremos ☐ tendríamos ☐ habremos tenido

9. ○ Creo que a finales de agosto ya .... toda la cosecha.
   ● Sí, seguro que sí. Ya no nos falta tanto.

   ☐ habremos recogido ☐ hubiéramos recogido ☐ recojan ☐ recogían

10. ○ Te prometo que, antes de la reunión, ya te .... el informe.
    ● Te lo agradezco, porque quiero revisarlo antes de empezar.

    ☐ daré ☐ darás ☐ habré dado ☐ habrás dado

11. ○ Probablemente .... irte antes de la fiesta, ¿no?
    ● Pues sí, porque era muy aburrida. Pero, como te he visto hablando con Inmaculada, he preferido esperar-
    te.

    ☐ quisiste ☐ querías ☐ querrías ☐ habrías querido

12. ○ No sé por qué has actuado así con él. Yo .... hablar con él.
    ● No, si lo intenté, pero es que no me quería escuchar. Por eso le escribí esa carta.

    ☐ intenté ☐ habría intentado ☐ intentaría ☐ intento

13. ○ Te ...., pero me dejé el móvil en casa.

    ● Pues te estuve esperando hasta las doce.

    ☐ habría llamado   ☐ había llamado   ☐ llamaré   ☐ llame

14. ○ Aunque hubierais llegado antes, no .... conseguir entradas.

    ● Si es que tendríamos que haberlas reservado antes por teléfono.

    ☐ podríais   ☐ podréis   ☐ habríais podido   ☐ podáis

15. ○ Les conté un cuento para que se .... pronto.

    ● Yo, a veces, también se los cuento.

    ☐ hubieran dormido   ☐ dormían   ☐ durmieran   ☐ dormirían

16. ○ Chicos, sería mejor que .... un poco más alto.

    ● Tienes razón. Perdona, que hay mucho ruido.

    ☐ hablarais   ☐ hablaran   ☐ hablen   ☐ hablarán

17. ○ Me encantaría que .... David a la fiesta.

    ● A mí también, pero no creo que pueda.

    ☐ vendría   ☐ vendrá   ☐ viniera   ☐ venga

18. ○ No quiso que os .... de que estaba enfermo para no asustaros.

    ● Ya, pero somos sus mejores amigos y lo normal era haberlo sabido, ¿no?

    ☐ avisar   ☐ avisé   ☐ avisaba   ☐ avisara

19. ○ ¡Qué pena que .... el penalti en el último minuto! Ahora seríamos campeones.

    ● Es verdad, ha sido todo al final, porque el resto del partido lo han jugado muy bien.

    ☐ fallen   ☐ fallaran   ☐ hayan fallado   ☐ habría fallado

20. ○ Lamento que todavía no ...., pero el avión no puede esperar.

    ● Un minuto más, por favor, seguro que llega enseguida.

    ☐ haya llegado   ☐ llegue   ☐ llegó   ☐ llegaba

21. ○ Es normal que se .... hoy con vosotros por no haberle dicho nada de la fiesta de ayer.

    ● Pues yo no lo entiendo.

    ☐ enfada   ☐ enfade   ☐ ha enfadado   ☐ haya enfadado

22. ○ Me .... visitar Córdoba, pero ya no teníamos tiempo.

    ● Pues es una pena porque no has visto una de las ciudades andaluzas más bonitas.

    ☐ gustaría   ☐ haya gustado   ☐ hubiera gustado   ☐ gustó

23. ○ Yo en tu lugar me lo .... más, pero sé que tenías que decidir rápido.

    ● Sí, no tenía mucho tiempo para decidir. Por eso me equivoqué.

    ☐ hubiera pensado   ☐ pensaba   ☐ pensé   ☐ pensaría

24. ○ No nos podíamos imaginar que ya os .... a dormir cuando os llamamos. Perdonadnos.

    ● Es que siempre nos acostamos pronto. Otra vez, llamad antes.

    ☐ habíais ido   ☐ hubierais ido   ☐ hayáis ido   ☐ fuisteis

25. ○ Ojalá no .... ese trabajo. Ahora no tendría tantos problemas.

    ● Ya te lo dije yo, que no era una buena empresa.

    ☐ acepte   ☐ aceptara   ☐ haya aceptado   ☐ hubiera aceptado

26. ○ Era importante que ya .... todos los cursos antes de empezar a trabajar.
    ● Sí, pero como no lo había hecho, por eso no consiguió el trabajo.
    ☐ terminar   ☐ haber terminado   ☐ terminaría   ☐ hubiera terminado

27. ○ Si no .... a su casa, no me habría enterado de nada.
    ● Pues menos mal que fuiste.
    ☐ voy   ☐ vaya   ☐ fuera   ☐ hubiera ido

28. ○ Se encuentra mal y está en la cama. .... ser gripe.
    ● Sí, sí. Tiene la garganta bastante inflamada y algo de fiebre.
    ☐ Debe   ☐ Debe de   ☐ Debía   ☐ Debía de

29. ○ ¿Qué tal la excursión?
    ● Bien hasta que .... llover y tuvimos que salir corriendo, porque no teníamos paraguas.
    ☐ se puso a   ☐ dejó de   ☐ fue   ☐ debió de

30. ○ Y al final, ¿qué pasó?
    ● Pues que el niño .... debajo de la cama.
    ☐ debió de descubrir   ☐ se puso a descubrir   ☐ fue descubierto   ☐ descubrió

31. ○ Enseguida .... trabajar para terminar pronto tus informes.
    ● Sí, por favor, que los necesito cuanto antes.
    ☐ debo de   ☐ soy   ☐ me pongo a   ☐ debo

32. ○ En mi calle hay un coche que .... abandonado desde hace meses. He llamado a la grúa para que se lo lleve.
    ● Has hecho bien.
    ☐ es   ☐ está   ☐ fue   ☐ estuvo

33. ○ Esta vez el concierto .... en el auditorio. Ya tengo entradas.
    ● ¡Qué bien! Allí se oye muy bien.
    ☐ es   ☐ está   ☐ fue   ☐ estuvo

34. ○ Esta maleta .... demasiado grande para un fin de semana.
    ● ¿Tú crees? Tenemos que llevar muchas cosas.
    ☐ es   ☐ está   ☐ fue   ☐ estuvo

35. ○ El cuadro de *Santiago el Grande* .... pintado por Salvador Dalí en 1957.
    ● Pues yo no he visto nunca ese cuadro.
    ☐ ha sido   ☐ ha estado   ☐ fue   ☐ estuvo

36. ○ Tengo que comprarme ropa, no tengo nada que ponerme.
    ● Pues espérate al verano, que .... las rebajas y todo está más barato.
    ☐ son   ☐ están   ☐ eran   ☐ estaban

37. ○ Mi casa .... renovada hace un par de años, pero ya ....
    otra vez mal.
    ● Es que la empresa que contrataste trabajaba muy mal.
    ☐ fue / es   ☐ fue / está   ☐ estuvo / está   ☐ estuvo / es

38. ○ Mis padres .... mudos al oír la noticia.
    ● Claro, se llevarían un buen susto.
    ☐ se quedaron   ☐ se volvieron   ☐ se hicieron   ☐ se pusieron

39. ○ .... enfermo hace una semana y tuve que ir al médico.
    ● ¿Y qué tenías?
    ☐ Me volví   ☐ Me hice   ☐ Me puse   ☐ Me quedé

40. ○ Supongo que hoy te dará la redacción.
    ● Pues no lo sé, porque no me aseguró que la .... terminada para hoy.
    ☐ tendrá   ☐ tuvo   ☐ tenga   ☐ tuviera

41. ○ ¿Tu marido no imaginó que le .... a regalar un teléfono móvil?
    ● No, y se llevó una gran sorpresa. Es que le hacía mucha falta.
    ☐ vas   ☐ ibas   ☐ vayas   ☐ fueras

42. ○ Juraste que no .... a faltar a clase.
    ● Sí, pero es que he tenido muchos problemas esta semana y por eso no he venido.
    ☐ vuelves   ☐ vuelvas   ☐ volverás   ☐ volverías

43. ○ No he notado que .... triste toda la semana.
    ● Pues sí, pero ya se le ha pasado y ahora ya está mejor, más alegre.
    ☐ está   ☐ esté   ☐ ha estado   ☐ haya estado

44. ○ Te he dicho que recojas tu cuarto, pero no veo que lo .... haciendo.
    ● Ya voy, mamá.
    ☐ estás   ☐ estés   ☐ has estado   ☐ hayas estado

45. ○ Le aburría .... el periódico.
    ● Pues antes le gustaba.
    ☐ leer   ☐ leía   ☐ leyera   ☐ hubiera leído

46. ○ Te sugerí que .... la documentación antes del martes.
    ● Sí, pero me fue imposible hacerlo.
    ☐ presentar   ☐ presentas   ☐ presentes   ☐ presentaras

47. ○ El médico le prohibió .... chocolate.
    ● ¡Pobre! Con lo que le gusta el dulce.
    ☐ comer   ☐ come   ☐ coma   ☐ comiera

48. ○ Intenté que Ana .... una carta de reclamación, pero no quiso.
    ● Pues yo creo que hizo bien. Al fin y al cabo, no sirven para nada.
    ☐ escribía   ☐ escribió   ☐ escribiera   ☐ hubiera escrito

49. ○ Me daba miedo que .... a casa sola. Por eso fui a buscarla.
    ● Pues me parece una tontería. Ella ya es mayorcita para moverse sola por la ciudad.
    ☐ va   ☐ vaya   ☐ fue   ☐ fuera

50. ○ Yo creo que sí podemos grabar.
    ● Pues en las instrucciones del DVD no consta que se .... grabar películas.
    ☐ poder   ☐ pueden   ☐ puedan   ☐ hayan podido

51. ○ La verdad es que, desde que hago ejercicio, me encuentro mejor.
    ● Pues basta que .... un poco todos los días y le dejará de doler la espalda.
    ☐ nadar   ☐ nada   ☐ nade   ☐ nadara

52. ○ ¿Qué sucede? ¿Por qué no te acuestas?
    ● ¿Que qué sucede? Pues sucede que .... las dos de la mañana y todavía no he terminado el trabajo.
    ☐ ser   ☐ son   ☐ sean   ☐ fueran

53. ○ Queda que .... los deberes y podrás ir al parque.

● Jo, mamá. ¿Y si los hago después?

☐ terminar   ☐ terminas   ☐ termines   ☐ terminaras

54. ○ ¿Te falta mucho?

● No, no mucho. Solo queda que .... estos papeles y nos vamos.

☐ ordenar   ☐ ordeno   ☐ ordene   ☐ ordené

55. ○ Todavía no conozco a la chica que .... en el piso bajo.

● ¿No? Pues es simpatiquísima.

☐ vive   ☐ viva   ☐ viviera   ☐ haya vivido

56. ○ Este libro, el que .... la semana pasada, está muy bien escrito.

● A ver, déjamelo ver.

☐ compro   ☐ compra   ☐ compré   ☐ comprara

57. ○ Con ese profesor no aprendí nada que me .... útil para mi vida profesional.

● Es que era muy teórico.

☐ resulta   ☐ resultaba   ☐ resultó   ☐ resultara

58. ○ Quien .... tiempo para comprar el regalo a Jaime que lo diga.

● Pues yo no, desde luego. A ver si Pilar puede.

☐ tiene   ☐ tenga   ☐ tuvo   ☐ tuviera

59. ○ No conozco a nadie que .... en Perú y nos .... aconsejar dónde alojarnos.

● Pues yo sí, mi amigo Aarón ha estado varias veces por ahí.

☐ ha estado / puede   ☐ haya estado / pueda   ☐ ha estado / ha podido   ☐ haya estado / haya podido

60. ○ ¿Y tú siempre has vivido en esta ciudad?

● No, cuando .... pequeño, ... en otra ciudad. Pero hace mucho que me vine a vivir aquí.

☐ fui / viví   ☐ era / viví   ☐ fui / vivía   ☐ era / vivía

61. ○ ¿Y como conociste a tu mujer?

● Pues, cuando .... en la universidad, nos .... un amigo común.

☐ estuve / presentó   ☐ estaba / presentó   ☐ estuve / presentaba   ☐ estaba / presentaba

62. ○ ¿Y cómo te enteraste de la noticia?

● Cuando .... a verla, ... llorando y me lo contó.

☐ fui / estuvo   ☐ iba / estuvo   ☐ fui / estaba   ☐ iba / estaba

63. ○ ¿Cómo lo descubrieron?

● Cuando .... la policía, lo .... Así de fácil.

☐ llegó / confesó   ☐ llegaba / confesó   ☐ llegó / confesaba   ☐ llegaba / confesaba

64. ○ ¡Qué relajado estás!

● Es que, cuando .... ante una situación tensa, ... no ponerme nervioso.

☐ estoy / intento   ☐ esté / intento   ☐ esté / intentaré   ☐ estoy / intentaré

65. ○ ¿Y que vas a hacer?

● Pues cuando .... unos días de vacaciones, me .... a la playa.

☐ tengo / voy   ☐ tenga / voy   ☐ tenga / vaya   ☐ tenga / iré

66. ○ Nada más .... de casa, comenzó a llover.

    ● ¿Y qué hicisteis, os volvisteis a casa?

    ☐ salir   ☐ salimos   ☐ salgamos   ☐ saliéramos

67. ○ Llámame en cuanto ....

    ● No te preocupes, te prometo que lo haré.

    ☐ llegar   ☐ llegas   ☐ llegues   ☐ llegaras

68. ○ ¿Para qué ha venido el médico?

    ● .... una receta.

    ☐ Para darme   ☐ Para que me da   ☐ Para que me dé   ☐ Para que me diera

69. ○ ¿Y no se lo has dicho a su novio?

    ● No, todavía no. Estoy esperando hasta el último momento para .... de la fiesta sorpresa.

    ☐ no enterarse   ☐ que ella no se entere   ☐ que ella no se enterará   ☐ que ella no se enteraría

70. ○ Ha venido Sandra a casa .... lo de mi divorcio, pero no le he dicho nada.

    ● ¡Qué cotilla es!

    ☐ a contarme   ☐ a que me cuente   ☐ a que le cuente   ☐ a contarle

71. ○ Para que .... lo que cuesta llegar a ser jefe, te he puesto a trabajar en mi empresa en un puesto complicado.

    ● Vale, como quieras.

    ☐ creas   ☐ sepas   ☐ mires   ☐ pienses

72. ○ Claro, ... prefieres viajar en el coche de tu hermana, te vas con ella y no vienes conmigo.

    ● ¡Que no, hombre, que no! No es por eso, es que ella me necesita.

    ☐ porque   ☐ por qué   ☐ como   ☐ que

73. ○ Me voy a dar un paseo.

    ● Oye, ... sales, compra el pan, por favor.

    ☐ porque   ☐ como   ☐ debido a que   ☐ ya que

74. ○ Ay, papá. ¿Por qué te enfadas cuando salgo con mis amigos?

    ● Pues que lo sepas. No me gustan tus amigos porque .... unos maleducados.

    ☐ son   ☐ eran   ☐ fueron   ☐ sean

75. ○ ¿Qué podemos hacer hoy?

    ● Si .... buen tiempo, nos iríamos a la playa, pero está lloviendo.

    ☐ hace   ☐ haga   ☐ haría   ☐ hiciera

76. ○ Si hubieras venido, te lo .... fenomenal. Fue una fiesta muy divertida.

    ● Yo también siento no haber podido ir.

    ☐ pasas   ☐ pasarías   ☐ habrías pasado   ☐ has pasado

77. ○ Si no .... algo, ¿por qué no lo preguntas?

    ● Sí, tienes razón, pero es que me da vergüenza.

    ☐ entiendes   ☐ entiendas   ☐ entenderás   ☐ entenderías

78. ○ Si me lo ...., no habría hecho el ridículo ayer.

    ● Es que se me olvidó. Perdona.

    ☐ dices   ☐ hayas dicho   ☐ dijeras   ☐ hubieras dicho

79. ○ Si me hubiera acordado de que era tu cumpleaños ayer, te .... algo. Lo siento.
    ● No importa. Lo que me gusta es que te hayas acordado hoy.
    ☐ compraré   ☐ habré comprado   ☐ compraría   ☐ habría comprado

80. ○ Llévate la toalla por si .... mañana a la piscina; aunque no creo.
    ● Pero si no vamos a poder.
    ☐ vamos   ☐ vayamos   ☐ iremos   ☐ fuéramos

81. ○ No sé cómo ir mañana.
    ● No te preocupes, te presto mi coche a condición de que .... prudentemente.
    ☐ conduces   ☐ conduzcas   ☐ conducirás   ☐ condujeras

82. ○ ¿Vendrás mañana?
    ● Sí, seguro, bueno .... pase algo.
    ☐ con tal de que   ☐ siempre que   ☐ excepto que   ☐ con que

83. ○ Anda, vente con nosotros. Salvo si .... otra cosa mejor que hacer.
    ● No, no tengo absolutamente nada que hacer.
    ☐ tienes   ☐ tengas   ☐ tendrás   ☐ tuvieras

84. ○ A ver si se da prisa, porque ya tengo ganas de que nos vayamos.
    ● Me ha dicho que ya le queda poco, así que .... salir temprano.
    ☐ podremos   ☐ podamos   ☐ pudimos   ☐ pudiésemos

85. ○ Juanito ha suspendido Matemáticas, de ahí que no .... venir a jugar.
    ● ¡Qué pena!
    ☐ podrá   ☐ podía   ☐ pueda   ☐ puede

86. ○ Estaban muy cansados, ... no quisieron salir a cenar fuera.
    ● Pues estaban invitados.
    ☐ porque   ☐ por eso   ☐ como   ☐ ya que

87. ○ ¿Cuántas fotocopias me has hecho?
    ● .... me dijiste.
    ☐ Igual de   ☐ Tantas como   ☐ Así como   ☐ Más que

88. ○ Aquí hay muchas .... personas .... las que me imaginaba.
    ● Sí, es verdad. Han venido muchísimas.
    ☐ más / que   ☐ más / de   ☐ tantas / como   ☐ tantas / que

89. ○ ¿Y cuánta gente vino a la fiesta?
    ● Mucha .... la que estaba prevista. Sobró mucha comida.
    ☐ igual que   ☐ menos de   ☐ más de   ☐ tanta como

90. ○ ¿Cómo vais a venir si hay huelga de trenes?
    ● Pues estamos Pablo y yo en el andén del tren de cercanías, aunque .... que
      no pasará ningún tren.
    ☐ sabemos   ☐ sepamos   ☐ supimos   ☐ supiéramos

91. ○ .... pueda parecer maleducado, no lo es. Lo que le ocurre es que es muy tímido.
    ● Pues la verdad es que parece bastante antipático.
    ☐ A pesar de   ☐ Sin embargo   ☐ Seguramente   ☐ A pesar de que

92. ○ He venido sin ganas a ver la película y, ..., me ha encantado.

● Si ya te lo había dicho yo, que te iba a gustar.

☐ aún   ☐ porque   ☐ sin embargo   ☐ a pesar de que

93. ○ Estás muy cansado, tienes que descansar un poco.

● .... esté cansado, tengo que seguir estudiando, que mañana es la oposición.

☐ Aunque   ☐ Sin embargo   ☐ Pero   ☐ Sino

94. ○ ¿Por qué estás enfadado conmigo?

● No estoy enfadado, ... preocupado, que no es lo mismo.

☐ aunque   ☐ sin embargo   ☐ pero   ☐ sino

95. ○ A veces eres odioso y, ..., te quiero.

● Yo también te quiero.

☐ aunque   ☐ sin embargo   ☐ pero   ☐ sino

96. En su discurso habló .... le indicaron sus compañeros de partido.

☐ igual de   ☐ tantos como   ☐ como   ☐ debido a

97. ○ No sé cómo hacerlo. Voy a pensármelo un poco.

● Mira, hazlo como ...., pero hazlo ya.

☐ querer   ☐ quieres   ☐ quieras   ☐ quisiste

98. En este centro comercial hay muchas ....

☐ nuevos   ☐ novatos   ☐ novedades   ☐ novaciones

99. .... a salir, pero ya que estáis aquí, cenamos en casa.

☐ Vamos   ☐ Hemos ido   ☐ Fuimos   ☐ Íbamos

100. Perdón, ¿cómo te ....? Se me ha olvidado.

☐ llamaste   ☐ llamaron   ☐ llamabas   ☐ has llamado

Total de aciertos: .... **de 100**

EVALÚATE

Muy bien   Bien   Regular   Mal

Primera edición: 2008
Primera reimpresión: 2010
Segunda reimpresión: 2012
Tercera reimpresión: 2013
Impreso en España / *Printed in Spain*

© Edelsa Grupo Didascalia, S. A., Madrid 2008
Autores: Antonio Cano Ginés, Pilar Díez de Frías, Cristina Estébanez Villacorta y Aarón Garrido Ruiz de los Paños
Coordinadora: Inmaculada Delgado Cobos

Dirección y coordinación editorial: Departamento de Edición de Edelsa
Diseño de cubierta: Departamento de Imagen de Edelsa
Maquetación interior: Mª Mercedes Sánchez
Ilustraciones: Nacho de Marcos
Fotografías: archivo fotográfico www.ablestock.com

Imprenta: Lavel
ISBN: 978-84-7711-503-8
Depósito Legal: M-1899-2012